Andrea Schwarz

Singt das Lied der Erlösung

Andrea Schwarz

Singt das Lied der Erlösung

Mit Gott das Leben feiern

Herder Freiburg · Basel · Wien

Den Gefährten auf dem Weg

Dritte Auflage

Technische Herstellung: Freiburger Graphische Betriebe 1994
ISBN 3-451-21863-1

Wird die Saite meiner Laute reißen
vom Schmerz der ungesungnen Lieder?
Tagore

Wenn Gott
das Lied der Erlösung spielt
will ich Flöte und Gitarre sein
Harfe und Tamburin
möchte Töne, Melodien
aus mir hervorlocken lassen
verzaubert
von seinen Fingern

Inhalt

Statt eines Vorwortes: Erinnerungen

Ein seltsames Gefühl, nach so vielen Jahren wieder einmal das alte Gebet- und Gesangbuch in den Händen zu halten, das mich bei meinen ersten Beichten, bei meiner Erstkommunion begleitet hat. Fremd und vertraut zugleich liegt es in meiner Hand, das grüne und das rote Bändsel haben noch die Knoten drin, damit sich das Band nicht weiter auffieselt – ich erkenne die Kommunionbildchen wieder, die an bestimmten Stellen eingelegt sind.

Plötzlich steigen Erinnerungen hoch: Erstkommunion – wir Kinder im weißen „Einheitsgewand", eine Kordel um den Bauch, eine Kerze in der Hand – aufgeregt und erwartungsvoll ... Pfarrer, Kapläne ... es war ein richtiges Familienfest damals, das erstemal, daß ich so bewußt im Mittelpunkt stand ... Verwandtschaft, Gratulationen, Geschenke. Und ich erinnere mich an das flaue Gefühl morgens im Magen, sei es aufgrund der Aufregung oder des Gebotes, drei Stunden vor Empfang der Hl. Kommunion nüchtern zu bleiben, das ich an diesem Tag natürlich besonders pflichtbewußt einhielt. Vor allem aber ahne ich noch um dieses tiefe innere Gefühl von „Heiligkeit" oder „Seligkeit", an der ich da ein klein bißchen teilhaben durfte – so empfand ich es jedenfalls. Ich wollte nur noch gut und brav sein, und den lieben Gott nie mehr traurig machen ... dann würde auch Gott mich liebhaben und gut zu mir sein.

Neugierig suche ich den alten Beichtspiegel in meinem Gebetbuch – daß ich ihn suche, heißt wohl auch, daß sein Vorhandensein sich damals tief eingeprägt haben muß. Und nochmals werde ich in die Kindheit zurückversetzt: mit Bleistift und kindlicher Handschrift finde ich Anmerkungen: „Meine letzte Beichte war vor acht Wochen“, die „8“ ist später durchgestrichen und durch eine „12“ ersetzt ... das war dann wohl die nächste Beichte ...

Im Beichtspiegel selbst Bleistiftstriche – ich habe die Sünden unterstrichen, damit ich bloß nichts vergesse: „Habe ich mein Gebet nur geplappert?“ – „Habe ich Widerreden gegeben?“ – „Habe ich nicht geholfen zu Hause?“ – „Bin ich zu spät nach Hause gekommen?“.

Mein Blick fällt auf das Gebet, vor der Beichte zu sprechen: „Lieber Vater im Himmel! Ich komme, dem Priester meine Sünden zu beichten. Er wird mich in deinem Namen lossprechen. Ich freue mich darauf. Hilf mir, daß ich meine Schuld erkenne, herzlich bereue, aufrichtig bekenne und mich durch die Gnade dieses heiligen Sakramentes bessere“.

Gott, Priester, Eltern und Erwachsene hatten eines gemeinsam: sie hatten mir etwas zu sagen und zu bestimmen. Sie waren mächtig ... und ich wollte ein braves Kind sein. Wenn ich brav war, wurde ich geliebt – da waren sich die Eltern mit Gott durchaus einig.

Zugleich war da etwas Geheimnisvolles, das mich in seinen Bann zog: eine Sprache, die ich nicht verstand – beim Lateinischen sowieso, aber auch, wenn Deutsch gesprochen wurde, hatten die Wörter für mich mehr Klang als Inhalt. Da gab es Männer in seltsamen Gewändern, die hin und her liefen, ohne daß ich den Sinn begriff – in der Kirche selbst ein Aufstehen und Hinsetzen – das alles war wirklich sehr geheimnisvoll ...

Eindeutig aber war die Botschaft: Wenn du brav bist, liebt dich Gott ... und ich wollte geliebt werden ... also war ich brav ...
Das war und ist ein mächtiges Erbe ...

Und doch – da war auch Sicherheit, es gab diese Momente, in denen ich mich einfach gut fühlte: beim Heimgehen nach der ersten Beichte hüpfte und sprang ich – ich fühlte mich wirklich erlöst und befreit. Und ich war ein bißchen stolz auf mich, wenn ich die Tafel Schokolade bis nach Ostern aufhob, meinen Bruder bei den Eltern nicht verpetzte.

Die Erinnerungen gehen weiter: der Religionsunterricht an der Schule, dessen Stunden mit einem Gebet oder Lied begannen, ein grüner Katechismus, den es auswendig zu lernen galt, das Pfadfinderversprechen: „Ich will mein Bestes tun!" Es mag kein Zufall sein, daß ich mir als einzigen Spruch aus dem lateinischen Gottesdienst die Worte bewahrt habe: Ite, missa est – gehet hin in Frieden, wie es heute heißt. Es war schön, es war ein bißchen heilig – aber ich war auch froh, wenn es rum war. Religion als permanente Anstrengung, gut zu sein ...

Irgendwann weigerte ich mich, wahrscheinlich zu der Zeit, in der man als Jugendlicher grundsätzlich vieles in Frage stellt – einfach um seinen eigenen Standpunkt zu finden. Der Aufhänger war simpel: Ich lernte in der Schule, wie die Welt entstand – den Wissenschaften glaubte ich mehr als den Aussagen der Bibel. Und da war niemand, der sagte: Das ist kein Gegensatz ...

Ich kann nicht mehr richtig sagen, wann und wie es aufhörte mit dem Glauben – möglicherweise war es einfach ein Dahinschwinden ...
Sagen kann ich aber, wie es wieder anfing: Da war ein Mädchen in meinem Alter, die eines Tages einfach fragte, ob ich nicht mal in den Jugendclub einer anderen Pfarrei mitgehen wollte ...
Ich ging mit und probierte mein Jung-Sein aus: Feten und Discos, lange Gespräche bis tief in die Nacht über Gott und die Welt – und ich traf dabei auf Menschen, die mir glaubwürdig von ihrem Christ-Sein erzählten, Laien und Priester, Menschen, die versuchten, ihren Glauben zu leben.
In einem Jugendclub, spät in der Nacht, mit einem Bier in der Hand, entdeckte ich diesen Gott wieder ... eben weil da Menschen waren, denen ich glauben konnte ...
Sehr schnell die Frage: Machst du bei der Kinderfastnacht mit? Mir wurde klar, ich werde gebraucht – für eine Jugendliche ist das kein schlechtes Gefühl. Ich sagte „ja" – damit wurden Weichen gestellt. Ich wurde gebraucht und fand einen Ort, an dem ich etwas tun konnte: Leitung einer Gruppe, Kinderfreizeiten, Leiterrunde, BDKJ-Stadtvorstand, KJG-Diözesanleiterin, ...
Ich wurde gebraucht, und ich sagte „ja" – und damit begegnete ich Menschen, die für meinen Lebensweg prägend waren. Es waren Menschen, die mir plötzlich von einem anderen Gott erzählten, von einem Gott, der befreit und der in einem solchen Sinne „politisch" ist, von einem Gott, der mich meint ... Und ein Weg begann ...
Es ist ein Weg, den ich heute im nachhinein als von Gott geführt sehe, ein Weg, der mich zum Leben und zu mir selbst geführt hat, ein Weg, für den ich zutiefst dankbar bin ... ein Weg, der mit einer Frage, in einem Jugendclub mit einer Flasche Bier in der Hand neu begann ...

Von dem Weg will dieses Buch erzählen – damit wird es zu einem persönlichen Glaubensbekenntnis und zu dem Versuch, die Spuren Jesu in meinem Leben zu entdekken. Solche persönlichen Aussagen über den eigenen Glauben haben Grenzen und Chancen. Ich erhebe keinen Anspruch auf Objektivität oder unverkürzte Glaubensaussagen – Religion geht durchs Herz und nicht nur mit dem Kopf. Manches mag deshalb anstößig und eckig sein. Es kann aber auch Anregung dazu sein, den eigenen Glaubensweg zu suchen und zu gehen – und dazu möchte ich eigentlich mit diesem Buch ermutigen. Über einen solchen Glaubensweg ins Nachdenken zu kommen, kostet Kraft – mich, um von solch persönlichen Erfahrungen in einer gewissen Öffentlichkeit zu sprechen – und möglicherweise auch Sie, indem Sie sich von diesen Erfahrungen konfrontieren lassen, sich damit auseinandersetzen, sie mit Ihren eigenen Gedanken vergleichen, sich vielleicht ein wenig anstiften lassen zum Abenteuer „Gott" und „Leben".

Dazu mag ich Sie einladen – zu mehr nicht, aber auch nicht zu weniger ...

Gebet

Gott,
hier bin ich –
aber meine Gedanken sind noch
in dem Tag,
den ich heute gelebt habe.

Hier bin ich,
Gott,
und möchte so gerne ruhig werden –
aber noch ist Unruhe in mir.

Hier bin ich,
Gott,
und möchte gerne beten –
aber ich finde keine Worte.

Hier bin ich,
Gott,
und möchte Dich hören –
aber in mir ist noch soviel Lärm.

Gott,
hier bin ich,
mit meinem Tag,
den ich heute gelebt habe,
mit der Unruhe in mir,
mit meiner Sprachlosigkeit,
mit dem Lärm in mir,
der die Ohren taub macht.

Du nimmst mich an,
so wie ich bin.

Gott,
hier bin ich

Gott, hier bin ich

Prolog

Im Anfang
war das Nichts
doch das Nichts
konnte nur sein
weil es
ein Alles gab

und das Alles
war Gott
ein Gott
der sich danach sehnte
erkannt zu werden

denn Liebe ist
sich selbst nie genug
sie entfacht das Feuer
lädt ein zum Leben

und Gott schaute
auf das Nichts
und seine überströmende Liebe
entfachte das Feuer
und rief zum Leben
und er schuf den Himmel
und die Erde
und seine Liebe wollte
Fuß fassen

Gottes Liebe wurde
handgreiflich
und schuf die Buchen
und die Rosen
Löwenzahn und Fliegenpilz
Zebra und Tausendfüßler
seine Phantasie
kannte keine Grenzen
denn Liebe ist erfinderisch

Gott hatte keine Vorlage
er schuf alles
aus sich selbst heraus
die Liebe
die in ihm war
wurde Tier und Pflanze
und allem lag
eine geheimnisvolle Ordnung
zugrunde
ein ewiges Gesetz
das so einfach ist
daß die Menschen
es heute nicht mehr verstehen:
alles ist verbunden
keiner lebt ohne den anderen
weil alle den gleichen Ursprung haben
weil jede Pflanze
jedes Tier
Zeichen der Liebe Gottes sind

Und Gott sah
daß es gut war
was er geschaffen hatte
– Liebe kann
nur Gutes schaffen –

und doch fehlte ihm
noch etwas
er brauchte ein Gegenüber
das „du“ zu ihm sagte
das ihn erkannte

Und Gottes Liebe
machte sich
die Hände dreckig
und schuf den Menschen
aus Erde
er selbst packte zu
formte und modellierte
und hauchte dem Menschen
seine Liebe ein
und er rief zum Leben

Gott gab seine Liebe frei
entließ in die Mündigkeit
wagte das Spiel
mit dem hohen Einsatz
Liebe macht frei
und entmündigt nicht
sie läßt dem anderen
die Möglichkeit
zum Nein
wahre Liebe
schenkt Freiheit

Jeder Mensch
ist ein Zeichen
von Gottes Liebe
und das macht ihn wichtig
jeden Menschen hat Gott
gewollt
du sollst nicht töten

wenn Gott mich liebt
dann darf ich lieben
wenn Gott mich liebt
darf ich mich gern haben
wenn Gott mich liebt
darf ich Liebe sein
wenn seine Liebe
in mir strömt
dann kann auch meine Liebe
überströmen
aus mir heraus
in andere hinein
weil Gott mich liebt
kann meine Liebe
Spiegel sein
Gott
ist die Liebe

und Gott lieben
in Tier und Pflanze
Mann und Frau
Kind und Greis
Gott lieben
der in mir wohnt
mich lieben
weil Gott in mir wohnt

Gott liebt mich so
daß er mich freiläßt
„nein“
zu dieser Liebe zu sagen
„nein“ zu ihm
„nein“ zum Leben
Liebe riskiert das „Nein“

Gottes „Ja“
ist die Antwort
auf mein „Nein“
Liebe gibt nicht auf
sie ist langmütig
und ist Geduld
und dem
der heute „nein“ sagt
stehen morgen
die Tore offen
wenn er „ja“ meint
Gottes Liebe hört niemals auf

Liebe hofft und kann warten
und hat nur das eine Gesetz
alles ist verbunden
was du dem anderen tust
tust du dir
wenn du Leben schenkst
erntest du Leben
wenn du Tod säest
wird der Tod dich ereilen
Liebe aber lebt
weil die Liebe
Leben ist
wenn du Liebe schenkst
wirst du Leben ernten
denn Liebe ist
sich selbst nie genug
sie entfacht das Feuer
lädt ein zum Leben

liebe
und du wirst leben

Steh auf – ich will mit dir reden!

Kartage in St. Ulrich ... mit vierzig Jugendlichen und jungen Erwachsenen der Landjugend erleben und feiern wir die Kar- und Ostertage. Am Vormittag des Karfreitags haben wir uns mit unserer eigenen Schuld konfrontiert – wann habe ich Jesus ans Kreuz genagelt? Wo habe ich mich dem Leben gegenüber versündigt? An wem bin ich schuldig geworden?
In der Gruppe ist eine nachdenkliche Stimmung, jeder spricht ein wenig leiser als sonst, aber es wird ohnehin nicht mehr allzuviel gesprochen. Es ist nicht notwendig im Moment. Jeder ist bei sich und bei seinem Gott.
Auch in mir ist Trauer – ich trauere um nicht gelebtes Leben, trauere um verpaßte Chancen, trauere um das, was ich falsch gemacht habe, um das, womit ich anderen nicht gerecht geworden bin.
Beim Klang der Holzratschen, die zur Karfreitagsliturgie rufen, läuft es mir kalt den Rücken hinunter. Die Hände in den Anoraktaschen vergraben, gehe ich einige Schritte seitwärts – ich mag jetzt nicht reden und mag jetzt nicht angesprochen werden
Das Kircheninnere wirkt dunkel, dunkler als sonst an einem wolkenverhangenen Tag, der Altar ist schmucklos, die Orgel schweigt. Ich fühle mich einsam, obwohl Freunde neben mir stehen. Zu genau sind mir die Situationen bewußt, in denen ich meinen Gott verlassen habe.
Beten und bitten – das kommt tief aus mir heraus. Und

ich beneide den Priester, der vor dem Altar auf dem Boden liegt, weil ich ahne, daß dies die Körperhaltung wäre, die dem, was ich jetzt meinem Gott sagen möchte, am ehesten entspricht. Doch ich bin in meiner Bank eingezwängt, stehe und knie, und spüre, mir fehlt etwas.

Es ist Nacht geworden. Drüben im Haus werden noch Beichtgespräche geführt. Ich ziehe mir einen dicken Pullover über, hole die Taschenlampe aus dem Auto und gehe in die Kirche, die dunkel und ruhig dasteht. Im Schein der Lampe taste ich mich durch den Altarraum, die Stufen hinunter und setze mich in eine der Kirchenbänke. Ich knipse die Lampe aus ... Dunkelheit umfängt mich, nur langsam gewöhnen sich die Augen, erkennen Fenster und Altar. Das ewige Licht flackert, ein kleiner verläßlicher Lichtpunkt. Geräusche dringen an mein Ohr, das Knacken der Heizung, das Schlagen der Uhr, Autotüren knallen zu. In mir wird es ruhiger, ich denke „Gott" und „du, hier bin ich", lege mein Gesicht in die Hände. Und „sprich – ich bin bereit zu hören".
Nach einigen Minuten stehe ich auf, trete auf den Mittelgang hinaus. Ich versuche, bewußt zu stehen, in Kontakt mit dem Boden zu kommen. Aufrecht stehen ... vor meinem Gott. Ich spüre, es geht noch nicht. Ich kann noch nicht vor diesem Gott stehen.
Zögernd kauere ich mich auf den Boden. Flüchtig geht mir der Gedanke an den Schmutz durch den Kopf – aber schließlich liege ich auf dem kalten Steinfußboden, den Kopf in den Armen vergraben. In mir ist Aufruhr und Ruhe zugleich. Und nur langsam und mühsam finde ich Worte an diesen Gott. Vielleicht fühle ich diese Worte auch nur ... aber dieser Gott, diese Kraft des Lebens, ist mir ganz nahe. In mir wird es ruhig, die

angespannten Muskeln entspannen sich – ich anerkenne die Größe dieses Gottes, vor dem ich auf dem Boden liege.
Das Wort fällt mir ein, das Gott zu dem Propheten Ezechiel sagt: „Steh auf, ich will mit dir reden!“ Gott ist nicht darauf angewiesen, daß die Menschen vor ihm im Dreck liegen. Er will nicht von oben herab Befehle erteilen, will keinen blinden Gehorsam, keine Menschen, die sich klein machen. „Steh auf, ich will mit dir reden!“ Gott will den Menschen als Partner, und wenn er mit ihm spricht, will er ihm in die Augen schauen dabei. Kann ich mich anschauen lassen von diesem Gott? Hält mein Blick stand?
Mühsam stehe ich auf, die Knochen schmerzen, der Boden war hart und kalt. Ich versuche, gerade zu stehen, meinen Standpunkt zu finden. Mich von Gott anschauen zu lassen, fällt schwer. Und doch spüre ich zugleich etwas von der Freude in mir, daß dieser Gott mich ernst nimmt, daß dieser Gott auch mich meint, daß er mich so meint, daß er mir in die Augen sehen will. Vor meinem Gott stehen, zu meinem Gott stehen – denn dieser Gott steht zu mir. Langsam gehe ich dem Altar entgegen, bleibe stehen, fühle ein ganz tiefes „danke“ in mir. Eigene Worte habe ich nicht in diesem Moment ... so nehme ich Zuflucht zu den Worten, die Jesus schon seine Jünger gelehrt hat, „Vater unser ...“.

In dieser Nacht bin ich in meiner Trauer getröstet worden ...

Beichtspiegel heute *

– Denke ich nur an Gott, wenn es mir schlecht geht?
– Habe ich in irgendeiner Frage resigniert?
– Habe ich mich bewußt Problemen nicht gestellt, mich abgewendet, mich nicht informiert?
– Lasse ich mir genügend Zeit für Gott? Genügend Zeit für mich selbst und für andere?
– Übe ich Zivilcourage in Fragen meines Glaubens?
– Erwarte ich von anderen immer ein Rückgeschenk für das, was ich ihnen tue?
– Bin ich flexibel genug, um den richtigen Platz in meinem Leben zu finden?
– Wo habe ich es unterlassen, meine Umwelt zu schützen oder zu regenerieren? Bin ich als Verbraucher mit meiner Kaufentscheidung gegenüber Umwelt und Mitmenschen schuldig geworden?
– Habe ich mich um die Verantwortung im Umgang mit Randgruppen gedrückt?
– Lasse ich mich von den Medien beeinflussen?
– Habe ich den nötigen Mut, um aktiv etwas für eine bessere Welt beizutragen? Oder habe ich immer den bequemeren Weg gewählt?
– Wo verstecke ich mich hinter einer Maske; bin ich offen und ehrlich gegenüber mir selbst und anderen, oder bin ich so, wie mich andere gerne hätten? Suche ich Anerkennung und Zuneigung, indem ich den spiele, den die anderen gut finden?
– Wie lebe ich meinen Glauben? Bin ich bereit, Wege

auf Gott hin zu suchen, oder mache ich es mir leicht, indem ich mich treiben lasse? Bin ich bereit, zu meinem Glauben zu stehen und Zeugnis zu geben?

– Versuche ich, mich selbst aufzuwerten und in ein besseres Licht zu rücken, indem ich andere kritisiere und negativ sehe? Vertrage ich ehrlich Kritik, und kann ich vor mir selbst und vor anderen Fehler eingestehen und diese angehen?

– Bringe ich den Mut und die Kraft auf, die Situationen zu ändern, in denen mir bewußt ist, daß ich falsch reagiere; oder suche ich Entschuldigungen und Gründe dafür, warum ich mich ja nicht ändern kann? Oder verschließe ich einfach nur die Augen?

(Erarbeitet von Teilnehmern der KLJB-Kartage 1989 in St. Ulrich)

„Heilige" Orte

Es gibt „heilige" Orte für mich – Orte, an denen ich spüre, hier ist etwas anders, hier werde ich angerührt von dem ganz Anderen. Manche Kirchen fallen mir dabei ein, bedeutende und unbedeutende, solche mit wertvollen Kunstschätzen und solche, die eher schlicht sind, Dorfkirchen und Dome, Kathedralen und Kapellen. Es sind Kirchen, in denen ich, wenn ich sie betrete, weiß: hier kann ich beten, hier ist mir dieser Gott ganz nahe. Vielleicht ist es ein Ahnen davon, daß an diesem Ort Menschen mit Gott gerungen haben, Gott und die Menschen hier ein Stück Weg miteinander gegangen sind – ich weiß es nicht. Irgendetwas ist da, und ich spüre es.
Vézelay ist solch eine Kirche oder auch Dietkirchen bei Limburg, St. Ulrich fällt mir ein und eine kleine, dunkle Kirche in Nevers. Der Limburger Dom gehört dazu und die helle Kirche in Ettenheimmünster, die kleine Kirche in Genhofen im Allgäu oder auch in Oberndorf im Alsenztal, in der mir eine Spinne übers Gebetbuch lief …
Und dann wieder Kirchen mit großen Namen, in jedem Kunstführer verzeichnet, für viele wunderschön – und ich fühle mich fremd, nicht zuhause darin. Ja, vielleicht ist es das … ein Gefühl von Fremdheit und Distanz. Ich kann in solchen Kirchen umhergehen, die Kunstwerke bestaunen – aber sie sagen mir nichts. Die Botschaft kommt nicht an …
Solche „heiligen" Orte gibt es für mich aber auch außerhalb von Kirchen, Orte, an denen ich eine Nähe Gottes

spüre: am Meer z. B., im ewigen Auf und Ab der Wellen, dem Rhythmus von Ebbe und Flut, der scheinbar endlosen Weite. Ich erinnere mich an einen Juniabend in Skagen, als im Abendlicht der untergehenden Sonne unaufhörlich die Wellen von Nord- und Ostsee aufeinanderschlugen – und ich war nur noch Gebet. Ein nebelverhangener Tag im Allgäu, das Geläut der Kuhschellen im Ohr; Sturm auf Langeoog; ein frisch verschneiter Winterwald …

„Heilige" Orte – Orte, an denen ich von etwas Göttlichem angerührt werde …

Bruder Andreas

Rom – Petersdom … das erste Mal in meinem Leben … ich war gespannt und neugierig.
Als ich die Kirche betrat, spürte ich, dies ist ein Ort, an dem etwas von dem schwingt, was ich als „heilig“ bezeichne. Ich war berührt und ergriffen, irgendetwas traf eine Saite in mir und brachte sie zum Klingen. Ich ahnte, hier könnte ich ruhig werden, ruhig sein in mir, hier könnte meine Zerrissenheit aufgehoben werden.
Ich wurde sehr schnell in die Realität zurückgeholt … japanisch, deutsch, italienisch, englisch, französisch … um mich herum Menschen, die diese Stätte wohl als eine besonders originelle Form von Museum ansehen, die zum Pflichtprogramm „Rom“ gehört. Mein Blick wurde unruhig, flüchtig. Meine inneren Gefühle und Empfindungen mit einem solchen Touristen-Pflichtprogramm konfrontiert zu sehen, tat weh.
Ein erster Gedanke: nur weg von hier – ich mag meine religiösen Gefühle nicht dieser Öffentlichkeit der Touristenströme aussetzen … wenn ich mich der Länge nach auf den Boden werfen würde, um in stiller Anbetung dieses Gottes zu verharren, dann würden sich diese Touristen sicher fragen, was denn mit mir los sei. Nein, ich bin nicht krank, ich bete nur …
Auch mein Gebet kennt Grenzen der Öffentlichkeit.
Schade – hier könnte ich beten, ich spüre, hier ist mein Gott mir nahe, aber nicht so, nicht mit diesen Kunstfüh-

rungen, nicht inmitten dieser Menschenmassen, die diese Stätte ihrer Heiligkeit berauben.
Hier bin ich, und hier ist mein Gott – und da ist eine Öffentlichkeit, die es nicht zuläßt, eben diese Beziehung zu leben. Ich zumindest bin nicht stark genug, dies in dieser Öffentlichkeit zu tun.
Weg, hinaus aus dieser Kirche, die so entfremdet wird und nur noch als Kunstgegenstand dient ...
Andererseits – wann werde ich nochmal in Rom, in dieser Kirche sein? Der Verstand setzt sich durch. Fast pflichtgemäß mache auch ich einen Rundgang, schaue die Kunstwerke an, verrate meine Gefühle.
Und fühle mich einsam ...
Am Altar angelangt, vollkommen im Unfrieden mit mir und dieser Welt, werfe ich einen Blick zurück ... und sehe den Hl. Andreas, mächtig, eindrucksvoll über mir stehend – und es schien mir, als ob er mir verschmitzt zublinzelte und mir sagen wollte: Schau, das ist halt so ...
Einen Moment lang empfand ich Heimat, begegnete dem Vertrauten. Dieser Blick auf den Andreas, auf meinen Namenspatron, hat mich versöhnt – ich atmete auf, fühlte mich auf seltsame Art verstanden und angenommen.
Mit diesem Gefühl im Herzen habe ich den Petersdom verlassen – im warmen Sonnenlicht habe ich draußen eine halbe Stunde auf den Treppenstufen gesessen und habe mich im stillen mit meinem Namensbruder unterhalten – und es war gut so ...

Singt das Lied der Erlösung

Gott
du Melodie meines Lebens
du Klang und Musik
sanft und zart
kraftvoll und stark
geheimnisvoll
mich liebkosend
berührend
umfassend
oft so fern
und dann wieder
in mir
Gott

Öffne meine Ohren
damit ich deinen Klang höre
streichle meine Haut
damit ich deine Berührung spüre
nimm mich in den Arm
damit mein Herz Ruhe findet in dir

damit mein Körper Antwort ist
meine Lippen Worte formen
stammelnde Töne aus meiner Kehle kommen

geborgen in dir
du mein Gott
kann ich
zur Antwort werden

und zögernd erklingt
mein Lied
in der Welt
für dich
und die Menschen

Unsicher noch
bewegen sich meine Füße
doch Rhythmus wird
zum Tanz
Töne werden zum Lied

Du birgst mich
Gott
und ich lasse mich bergen
ich höre
und bin Antwort
du spielst
und ich bin Klang

und singe das Lied
des Lebens

„Und führe uns nicht in Versuchung ..."

Manchmal, wenn ich lange über etwas bisher scheinbar Selbstverständliches nachdenke, kommt plötzlich Fremdheit auf: „und führe uns nicht in Versuchung!" Diese Bitte des Vater-unsers ist, näher betrachtet, eigentlich eine seltsame Bitte – geht sie nicht von einem Gottesbild aus, das den Menschen in Versuchung führen will, ihn immer neu auf die Probe stellen will, ihn sozusagen „austesten" will? Und was ist das für mich überhaupt, eine „Versuchung"? Spontan fällt mir dazu ein: Das sind Situationen, in denen ich mich für oder gegen Gott entscheiden muß. Aber – will ich das denn wirklich, daß ich nie mehr vor solchen Entscheidungen stehe? Wäre das nicht eher ein „totes Leben" ohne Prozeß und Entwicklung, wenn alles so einfach und selbstverständlich wäre?
Versuchung – da fällt mir die Bibelstelle ein, die von der Versuchung Jesu erzählt. Besitz und Reichtum, Macht und Gottgleichheit bietet der Teufel Jesus an – und als dieser widersteht, so heißt es bei Lukas lapidar, läßt der Teufel nur für einige Zeit von ihm ab. Ein Befreit-sein von Versuchungen gibt es anscheinend nicht, und kann es wohl auch nicht geben. Leben ist Prozeß, ist Dynamik und Entwicklung – und das muß wohl auch so sein, denn das Reich Gottes wird nicht durch Stillstand und Statik allein erreicht werden. Leben aber bedeutet, immer wieder neu in solche Entscheidungssituationen hineingestellt zu werden. Das kann manchmal lästig sein,

und dann sehne ich mich danach, in Ruhe leben zu können, nicht schon wieder nachdenken zu müssen. Eine solche Oberflächlichkeit aber würde bedeuten, tot bei lebendigem Leib zu sein – und das kann mit dieser Vater-unser-Bitte ja wohl nicht gemeint sein. Viel eher möchte ich beten: Erspar mir solche Situationen nicht, damit ich im Glauben lebendig bleibe, damit meine Beziehung zu Dir leben kann.

Was aber soll dann diese Bitte bedeuten: „und führe uns nicht in Versuchung"? Es sind sicher nicht die Alltagsentscheidungen damit gemeint, und es ist sicher auch nicht damit gemeint, wie manche Menschen glauben, daß ich ängstlich jede Begegnung mit dem Leben vermeiden muß, damit ich bloß nicht sündig werde. Ja, es mag möglicherweise Menschen geben, die so darauf aus sind, Sünden zu vermeiden, daß sie regelrecht die Auseinandersetzung mit dem Leben fliehen – und dadurch möglicherweise erst recht sündig werden, indem sie sich solchen Entscheidungssituationen entziehen und ein Leben in „Ruhe" vorziehen.

Mit dieser Bitte ist wohl vielmehr die allerschlimmste Versuchung gemeint – es ist die Bitte darum, daß die Lebenssituationen, die ich erleben, vielleicht erleiden muß, nicht so schlimm werden, daß ich dabei meinen Glauben aufgebe, aus meiner Beziehung zu Gott herausfalle.

Glaube – das ist nichts, was ich für alle Zeiten sicher und fest „habe". Glauben zu können und zu dürfen, ist immer auch Geschenk und Gnade, die aber eine offene und aktive Haltung bei mir voraussetzen. Ich muß mich beschenken lassen können – und nicht immer nur davon ausgehen, daß ich alles alleine machen kann und machen muß. Und das ist wohl genau die Versuchung, die

hier gemeint ist und die auch schon der Teufel Jesus angeboten hat: die Versuchung des „Machen-könnens". Meinen Glauben kann ich nicht „machen". Ich kann mich öffnen, kann meine Ohren auf Empfang stellen, kann Orte, Menschen, Situationen suchen, in denen es ein wenig leichter sein kann, glauben zu können – aber all das ist keine Garantie. Glaube – das ist Einstellung und Haltung, das ist immer auch meine ganz persönliche und individuelle Beziehung zu meinem Gott und mit meinem Gott. Jemand, der mit seinem Glauben „fertig" zu sein meint, ist wohl der allergrößten Versuchung erlegen. Er hat Gott und seinen Glauben sauber in Schubladen abgelegt, etikettiert, um bei Bedarf entsprechend darauf zurückgreifen zu können. Ein solcher Glaube aber fordert nicht mehr zum Leben, zur Auseinandersetzung, zur Entscheidung heraus. Führe uns nicht in eine solche Versuchung, laß nicht zu, daß wir Dich derart festschreiben – daß wir Dich derart aufs Kreuz legen und darauf auch noch festnageln ...
Und schon wieder stocke ich: da heißt es doch, führe *uns* nicht in Versuchung ... seltsam. Eine kollektive Versuchung dürfte damit wohl weniger gemeint sein, wenn auch die nicht auszuschließen ist. Eher empfinde ich Trost ... führe uns nicht in Versuchung. Das heißt, ich bin nicht alleine in diesen Situationen, nicht ich allein kann schuldig werden, nicht nur ich lebe in solchen Versuchungen, nicht ich allein bin erlösungsbedürftig. Es tröstet mich, daß in meiner individuellen Situation auch ein gemeinsames, ein kollektives Element enthalten ist – dem gegenüber ein individueller und nicht nur ein kollektiver Gott steht: „dein Name, dein Wille, dein Reich ...". Eine hochinteressante Spannung – ein persönlicher Gott, der mich zugleich meine Gemeinsamkeiten mit anderen Menschen erfahren läßt. Es ist ein Gott,

zu dem ich „Du“ sagen darf, ein Gott, zu dem ich eine Beziehung aufnehmen darf – und zugleich stehen andere mit mir vor diesem Gott.
Und damit wird mir auch klar, daß dieser Gott mich eben nicht dadurch testen will, daß er mich in Versuchungen führt, um zu sehen, wie ich reagiere. Dieser Gott will eine Beziehung zu mir – und wenn eine solche Beziehung lebendig ist, wird es immer zu Situationen kommen, in der ich in der Gefahr bin, aus dieser Beziehung herauszufallen.
„Und führe uns nicht in Versuchung…“ – laß mich meine offene Glaubenshaltung nicht verlieren, halte mich fest, wenn ich nicht mehr festhalten kann, finde mich, wenn ich mich vor dir verstecken will, aber erspare mir nicht die alltäglichen Situationen, in denen ich mich zwischen Tod und Leben, zwischen Stillstand und Prozeß entscheiden muß. Mute mir dieses Leben zwischen den Polen zu – aber halte mich, wenn ich jegliche Orientierung verliere.
Führe uns nicht in Versuchung – und am Seitenaltar zünde ich eine Kerze an und bitte meinen Gott in genau diesem Sinne für meine Freunde…

Ich glaube an Gott,
der mich berührt

„Ich bin dein Gott, der dich aus Ägypten herausgeführt hat“

Wer oder was ist dieser Gott? Zahlreiche Namen, viele Bilder, die Gott zu beschreiben versuchen, fallen mir ein... und ich spüre, daß mir manche dieser Namen und Bilder näher sind als andere. Aber auch dies läßt sich nicht festschreiben – in unterschiedlichen Lebenssituationen wird mir jeweils eines der vielen Gottesbilder wichtiger, andere treten dafür stärker in den Hintergrund. Veränderungen in meinem Leben verändern mein Bild von Gott – und vielleicht ist das bereits sowohl eine erste Aussage über Gott wie auch über mich. Mein „Sprechen von Gott“ ist auch immer ein Sprechen von mir – und möglicherweise sagt mein Gottesbild sogar mehr über mich selbst und meine momentane Lebenssituation aus, als daß es eine objektive Aussage über Gott sein könnte.

Ob es solche „objektiven“ Aussagen über Gott überhaupt geben kann? Wäre Gott noch ein Gott, wenn er für uns Menschen begreifbar und faßbar wäre? Ich glaube, es bleiben wohl wirklich nur die Erfahrungen, die Menschen ganz persönlich mit ihrem Gott machen – Gott ist ein Geheimnis, das wir vielleicht erst im Unendlichen verstehen und erfassen können.

In der letzten Zeit ist mir bei dieser Frage nach Gott das Wort „Dynamik“ zunehmend wichtiger geworden. Dieses Wort hängt für mich eng mit meinem Begriff von Leben zusammen: da geschieht etwas, da ist Bewegung und Veränderung, Altes stirbt, um Neues hervorzubrin-

gen, da ist Wandlung und Wachsen. So wünsche ich mir mein Leben – ein Unterwegs-Sein mit Aufbruch und Abschied, Ankommen und Innehalten, um wieder neu aufzubrechen. Ein lebendiger Gott, der mich auf diesem Weg begleitet, ist ein Gott, der „geschieht", der sich in Begegnung „ereignet", ein Gott, der „Dynamik" ist.
Spannend finde ich in diesem Zusammenhang, daß das Hebräische anscheinend die Worte „sein" und „haben" nicht kennt. R. Mayer („Jüdische Gotteserfahrung gemäß der Tora", Meitingen, 1989) weist darauf hin, daß die häufig zitierte Selbstoffenbarung Gottes Mose gegenüber in Ex 3,14 auf die Frage nach seinem Namen mit „Ich bin, der ich bin" oder mit „ich bin der ‚ich-bin-da'" nur unzureichend übersetzt sei. Er übersetzt diese Stelle mit „Ich geschehe, als der ich geschehen werde". Gott läßt sich demnach nicht auf ein „Sein" festschreiben, er ist „Werden".
Das macht nochmals die Schwierigkeiten deutlich, Gott zu beschreiben. Nicht umsonst vermeiden es die Juden, den Namen Gottes auszusprechen – und auch das Bilderverbot des Alten Testaments „Du sollst Dir von Gott kein Bildnis machen!" (Ex 20,4) hat wohl in der Unbeschreibbarkeit Gottes seinen eigentlichen Ursprung. Ein Gott, der „geschieht", läßt sich durch Namen und Bilder nicht festlegen.
Es bleiben die subjektiven Erfahrungen, die Menschen mit ihrem Gott machen. Davon berichten sowohl das Neue Testament und vor allem das Alte Testament in vielen Geschichten. Und es gibt das Zeugnis Jesu, der den Menschen in einer aufregenden Art und Weise von Gott erzählt, und sie unter anderem zärtlich anleitet, diesen Gott Vater zu nennen.
In Auseinandersetzung mit diesen und anderen Zeugnissen kann vielleicht eine Annäherung an Gott Schritt

für Schritt gelingen, indem ich Gott in mir entdecke und das, was er für mich ist. Indem ich Gott in mir geschehen lasse, kann Gott in mir werden.

In meinem Leben hat die Frage „wer ist Gott für mich?" viele Stationen gehabt ...
Der Gott meiner Kindheit war ein „gespaltener" Gott – ich wußte nie so recht, war dieser Gott jetzt im Moment eher der liebende und verständnisvolle Vater, dem ich mich anvertrauen konnte, oder war es der Gott, der alles sieht, alles beobachtet, und mich bestraft, wenn ich nicht „gut" und „brav" bin. Eines der erschreckendsten Bilder von Gott war für mich das „Auge", das mich unbarmherzig in die dunkelsten Ecken meines Lebens verfolgte. Der Gott, den ich dann in meiner Jugendzeit wieder entdeckte, war zuerst ein „politischer Gott", ein Gott, der sich bedingungslos für die Rechte der Armen und Unterdrückten, der Schwachen und „zu-kurz-Gekommenen" einsetzt. In dieser Zeit hat mich vor allem das Lukas-Evangelium begleitet und die Aussage Jesu in der Synagoge von Nazareth:

> Der Geist des Herrn ruht auf mir, denn der Herr hat mich gesalbt. Er hat mich gesandt, damit ich den Armen eine gute Nachricht bringe; damit ich den Gefangenen die Entlassung verkünde und den Blinden das Augenlicht; damit ich die Zerschlagenen in Freiheit setze und ein Gnadenjahr des Herrn ausrufe.
>
> Lk 4,18f

Ich erkannte damals, daß zum einen diese Botschaft mir galt – daß ich „arm" bin und einer „guten Nachricht" bedarf, daß ich gefangen und blind bin – und daß dies zugleich Auftrag ist, in einem solchen Sinn zu leben und zu arbeiten. Dies war wohl auch ausschlaggebend für

meinen damaligen beruflichen Wechsel vom kaufmännischen in den sozialen Bereich.
Gespräche mit Menschen, Erzählungen aus der Bibel, Texte, Gedichte und Lieder brachten neue Akzente in dieses Bild von Gott und meinem Glauben. Sie rankten sich um dieses Grundbild herum, faßten Fuß und konnten wachsen.
Einige Jahre später häuften sich plötzlich die Begegnungen mit Jona, diesem Propheten wider Willen. Sie waren so „aufdringlich", daß ich mich wirklich fragen mußte, was will dieser Gott von mir? Es brauchte einige Zeit, bis ich mir eingestand, daß ich meiner mir zubestimmten Aufgabe auch durch Flucht nicht entgehen konnte – und so ging ich los.
Seit zwei oder drei Jahren beschäftigt mich nun schon das Exodus-Motiv: Das Volk der Israeliten, das in Gefangenschaft bei den Ägyptern lebte und unter Fron arbeiten mußte, wurde von Gott zu einer langen Wanderschaft durch die Wüste herausgerufen. Es ist Gott, der voran geht und zugleich die Nachhut sichert, Gott in Wolke und Feuersäule, Gott, der treu ist, auch wenn sein Volk ihn verläßt – ein Gott der Zuwendung und Beziehung. „Ich bin der Herr, dein Gott, der dich aus Ägypten herausgeführt hat!" – diese Worte sind unbedingte Zusage und stehen *vor* den Weisungen, die Gott seinem Volk auf den Weg mitgibt. Nicht der „Richter-" und „Gesetzes-Gott" zeigt sich den Israeliten am Sinai, sondern der Gott der Beziehung und Zuwendung, der Wegweisungen geben will. Seine Gebote befreien zum Leben und sind Absage an den Tod.
Rückblickend entdecke ich, daß mein Schritt in die Freiberuflichkeit in diesen Jahren in einem Zusammenhang mit diesem Exodus-Gott steht – auch wenn ich nicht weiß, ob meine „Aufbruchsstimmung" mir gerade diese

biblische Geschichte so nahe gebracht oder ob mich dieser Gott tatsächlich als Gott des Aufbruchs zu meinem Exodus gerufen hat. Ich jedenfalls sehe darin einen Zusammenhang und erfahre dadurch eine Deutung dieses für mich wichtigen, persönlichen Schrittes.

Es gibt über diese Grundbilder hinaus einige Akzente, die mir besonders wichtig sind, wenn ich von Gott spreche. Es sind Ahnungen von Gott, die auf einen ersten Blick möglicherweise sogar widersprüchlich erscheinen – aber, in Gott aufgehoben, ihre Widersprüchlichkeit verlieren. Es sind Zuschreibungen, die eigentlich in dieser Form so nicht zulässig, mir aber trotzdem wichtig sind, weil sie vielleicht doch die eine oder andere Annäherung an Gott sein können.

Dieser Gott meint mich – er hat mich beim Namen gerufen, hat gewollt, daß ich lebe. Er will eine Beziehung mit mir, wendet sich mir zu. Das ermöglicht mir, mit diesem Gott auch „persönlich zu werden" – ich darf mit ihm hadern und streiten, darf ihm danken und ihn lieben.

Dieser Gott will mich berühren – und ich darf mich von Gott berühren lassen. Gott will mich ganz, er will mich mit Haut und Haaren, er will in mir wohnen, in mir Mensch werden. Von Gott berührt, bin ich von Hoffnung erfüllt.

Gott ist zärtlich. Er ist sanft zu mir, nimmt mich in die Arme, nährt mich und birgt mich. Er sorgt sich um mich und geht mir nach, wenn ich mich verloren habe.

Gott ist sinnlich, um nicht sogar „erotisch" zu sagen. Er liebt mich und tanzt mit mir den Tanz des Lebens. Er spielt die Flöte und will, daß ich singe. Er ist Wort und will Antwort. Er ist Melodie und will Leben. Er ist Spiel und will mein Mitspielen. Er ist Geschmack und will, daß ich schmecke. Er ist Leidenschaft und Eifersucht und will, daß ich mit allen Sinnen lebe. Er ist Rausch und Faszination und will, daß ich trunken bin von ihm. Dieser Gott konfrontiert – er fordert mich heraus, stellt mich vor Aufgaben, die ich nicht zu können glaube. Und im Gelingen wie im Scheitern erfahre ich Gott. Er ist hartnäckig, dieser Gott – und er fordert, so wie ein guter Lehrer den Schüler herausfordert, ihm ständig neue Lern- und Lebensmöglichkeiten anbietet, damit er immer mehr versteht.

Dieser Gott ist machtvoll – und er lebt seine Stärke, ohne mich klein machen zu müssen. Er ist so groß, daß er mich einladen kann, ihm Beziehungspartner zu sein. Hartnäckig kann er sein, wenn er etwas von mir will – und manchmal auch lästig. Aber, die Kraft, die von ihm ausgeht, fasziniert.

Gott ist kein Bleibender, jemanden, den ich als meinen Besitz vereinnahmen kann – er ist Vorübergehender. In dem Moment, in dem ich ihn festhalten will, entzieht er sich mir.

Gott ist Widerspruch und Gegensatz. Er schafft Mann und Frau als Abbild seiner selbst, er ist beides und zugleich doch mehr. Er lehrt, die Gegensätze zu leben, und hebt zugleich die Gegensätze auf. Gott ist das „ganz Andere“ …

Das ist schwer – viel schwerer, als wenn es fertige Antworten geben würde. Aber genau das ist Weg und Auseinandersetzung, ist Dynamik und Geschehen – bei Gott und bei mir.

Menschen

Gott
hat viele Namen
viele Gesichter

jeden Tag neu
das Antlitz Gottes suchen
und ihm
die Ehre geben
die ihm gebührt

Glaubensbekenntnis

Ich glaube
an Gott
der mir Vater und Mutter ist
und zugleich der „ganz Andere"
den ich nicht fassen
nicht begreifen kann
und der mich doch berührt

Ich glaube
daß Gott
mächtig ist
uns gut will
und das Leben liebt

Ich glaube
daß Gott
den Kosmos erschaffen hat
daß die Welt gut war
gut ist
und wieder gut werden kann

Ich glaube
an Jesus
als Christus
Zeuge von Gottes Größe
Sohn Gottes
der uns durch sein Leben eingeladen hat
zu Söhnen und Töchtern Gottes zu werden

Ich glaube
daß sich Maria
vom Geist Gottes berühren ließ
daß sie ja sagte
zu der Begegnung mit Gott
und daß sie uns damit
Vorbild und Schwester ist

Ich glaube
daß Jesus Christus
für das Leben hingerichtet wurde
weil die Menschen versuchten
ihn in den Griff zu bekommen
Ich glaube
daß er die Schrecken der Nacht erlitt
aus seiner Einsamkeit nicht flüchtete
die Schmerzen aushielt
um den Tod mit dem Leben zu versöhnen

Ich glaube
daß das Leben
über alle Tode Sieger bleibt
Ich glaube
daß Jesus Christus
den Mächten des Todes entrissen wurde

Ich glaube
daß Jesus
in die Herrlichkeit Gottes zurückkehrte
daß der historische Jesus
die Menschheitsgeschichte wieder verließ
um damit Raum zu geben
für das Wehen des Geistes

Ich glaube
an den Heiligen Geist
der bewegt und entzündet
entflammt und begeistert
und mich in meinem Alltag
mit der Lebensweise Jesu erfüllt

Ich glaube
daß kraft des Geistes
mir die Menschen zu Schwestern und Brüdern
als Weggefährten gegeben sind
die mir in meiner Mutlosigkeit
Mut machen
die mich in meinen Scheingeborgenheiten
konfrontieren
die mir beistehen
wenn ich nicht mehr weiter weiß
– und die Notwendigkeit von Kirche

Ich glaube
daß wir ohne Unterschiede
von Ansehen und Amt
durch die Taufe
zu Heiligen Gottes geweiht sind

daß der Hl. Andreas
mich auf meinem Weg begleitet
daß er mir Bruder ist
und mir manchmal
zulächelt
mich tröstet
und mir Mut macht
es einfach zu probieren

Ich glaube
daß sich die lebendig Toten
durch ihr Nicht-Leben
selbst richten
und ich glaube
daß Gott gerecht ist

Ich glaube
daß es für uns Menschen
eine Heimat gibt
in der unser Unterwegs-Sein
Ruhe finden wird
in der wir endlich erkennen werden
was unserem Blick derzeit noch verborgen ist
Ich glaube eine Heimat
in der nur noch Liebe ist
und erfüllte Sehnsucht
Ich vertraue der Kraft des Gebetes

Ich glaube
daß dieser Gott
ein liebender Gott ist
der meine Fehler
verstehen kann
und mir verzeiht
wenn ich dem Leben gegenüber
schuldig geworden bin
deshalb glaube ich der Wirksamkeit
wenn sich Menschen einander verzeihen

Ich glaube
daß dieser Gott
mir die Chance des Neuanfangs gibt

Ich glaube
daß die Toten leben werden
wenn ich auch nicht weiß
wie ein solches Leben
geschehen kann
aber ich glaube
daß Totes lebendig wird
und daß auch wir zu dieser Auferstehung gerufen
sind

Mag sein
daß dies die Ewigkeit ist
die ich glaube

Amen

Beten ist „Da-Sein“ vor Gott

Liebe Sabine,

hab ganz herzlichen Dank für Deinen letzten Brief. Du hast mich darin nach meiner Meinung zum Beten gefragt – und ich spüre, daß ich mit meiner Antwort zögere.
Zum einen ist ein Gespräch darüber etwas sehr Persönliches, und das ist auch gut so. Meine Beziehung zu dem Gott, an den ich glaube, hat etwas sehr Privates, ja, wohl sogar etwas „Intimes“ an sich und muß notwendigerweise auch geschützt werden. Je wichtiger mir etwas ist, um so behutsamer gehe ich damit um, und passe sorgsam auf, daß kein Unbefugter diese Schatzkammer betritt. Und meine Sache mit Gott ist zunächst einmal eine „Sache“ zwischen diesem Gott und mir. Diese Beziehung, diese Erfahrungen in Worte zu fassen, muß sehr behutsam geschehen, will ich dieses sehr Private nicht verletzen und „indiskret“ oder gar „obszön“ werden. Auch das könnte dann eine Form von Unkeuschheit sein.
Deshalb ist es wohl auch so schwer, von Gott zu sprechen, wirklich von Gott zu sprechen und nicht nur irgendwelche theologischen Sätze zu sagen. Die Aussage zu machen, „Gott liebt die Menschen“, das ist einfach, ja, und sicher auch nicht falsch. Zu sagen, „Gott liebt mich“, wirft in mir sofort Fragen auf und ruft Gefühle in mir hervor, so daß ich angesichts dieser Komplexität zö-

gere, einen solchen Satz zu sagen. Er scheint mir zu grob für all das „Feine", was da in mir ist.
Mögen wir es als Kinder noch gelernt haben, in unserer Kindersprache von Gott zu erzählen, so tun wir uns als Erwachsene da schon erheblich schwerer. Mir fehlen oft die Worte, ich empfinde die Bilder als unzureichend, Gesten als unzulänglich. Mein Reden von Gott wird zu einem Gestammel, einem stotternden Versuch, irgendetwas beschreiben zu wollen, was eigentlich gar nicht beschreibbar ist.
Dies ist sicher mit ein Grund, warum ich manchen Kreisen von sehr überzeugten Gläubigen eher skeptisch gegenüberstehe: sie reden mir zu flüssig, zu geschliffen von Gott und ihrem Glauben. Ich höre theologische Aussagen, aber bekomme nichts von der existentiellen Bedeutung ihres Glaubens für ihr Leben mit – und das erscheint mir dann oft eher unglaubwürdig.
Hinzu kommt, daß wir wohl wenig Gelegenheit haben, uns in einer solch behutsamen Form des „sich-gegenseitig-mitteilens" zu üben. Es scheint sogar im Gespräch mit den besten Freunden eine gewisse Scheu zu geben, möglicherweise eine Art „normaler" Scham.
Deshalb lassen sich wirkliche Glaubensgespräche auch so schlecht terminkalendermäßig oder per Tagesordnung bei einer Sitzung vorplanen. Sie brauchen ihre Stunde, ihren Ort, ganz bestimmte Begegnungen, wenn sie wirklich in die Tiefe gehen wollen, und eben nicht auf einer oberflächlichen Ebene stehenbleiben sollen. Und möglicherweise lassen sich solche Erfahrungen nicht erzwingen – sondern man kann und darf sich einfach „nur" beschenken lassen.
Das heißt für mich nicht, daß man solche Gespräche nicht mehr versuchen sollte – von Gott zu schweigen wäre noch schlimmer als mein ungenügendes Gestam-

mel. Aber Behutsamkeit mir selbst, dem anderen und auch Gott gegenüber ist dringend angezeigt.
Zum anderen zögere ich mit meiner Antwort auf Deine Frage nach dem Beten aufgrund der „Vorläufigkeit" meiner eigenen Gebetsformen – und stolpere beim Schreiben bereits über das Wort „Gebetsform", denn das Wenigste von dem, was ich für mich persönlich als Gebet bezeichnen würde, besitzt eine feste „Form".
Die einfachste Definition von Gebet wäre wohl „im Gespräch sein mit meinem Gott". Dabei meint „Gespräch" natürlich nicht Rede und Gegenrede in einem herkömmlichen Sinn.
Ich erlebe bei mir sehr unterschiedliche Weisen zu beten. Oft genug ist es ein einseitiger Monolog von mir her: Ich will was loswerden, damit gut. Ins Hören komme ich dann oft schon gar nicht mehr. Oder mein Gebet reduziert sich auf Stoßseufzer, auf ein kurzes Bittgebet vor einer längeren Autofahrt. Manchmal fehlen mir die eigenen Worte, dann bin ich froh um Gebete wie das „Vaterunser" oder das „Gegrüßet seist du, Maria". Dann wieder kann ich einfach schweigend vor Gott sein, höre, fühle, spüre ... Gebet kann Dank und Jubel sein, aber auch Frage, Ratlosigkeit, Angst, ein Hadern – vor Gott gebracht. Und manchmal ist für mich wohl auch Schreiben Gebet.
Es gibt Zeiten, da kommt Gott wenig in meinem Leben vor, da tue ich mich schwer mit dem Beten – dann wieder ist es eine intensive, dichte und phantasievolle Beziehung.
Immer aber heißt Beten für mich, daß ich akzeptiere, daß es einen Gott gibt und ist zugleich das Vertrauen darauf, daß ich in diesem größeren „Ganzen" einen Platz habe, mein Leben nicht ohne Sinn ist, weil ich mich bewußt in einen solchen Lebenssinn hineinstelle.

Ob dieser Gott mich „hört“? Ich zögere schon wieder mit der Antwort. Übertragen wir mit solch einer Frage nicht schon wieder allzu schnell menschliche Denkkategorien auf diesen Gott? Ich weiß es nicht. Was würde sich bei mir dadurch ändern, wenn ich es wüßte? Ich erfahre die Wirkung: beten hilft mir, meinen Ort zu finden, „rückt mich zurecht“, ist das Akzeptieren, daß es über mich hinaus etwas Größeres gibt. Ein solches „Zurechtrücken“ entlastet mich ungemein, setzt oft neue Kräfte frei, macht Veränderung bei mir erst möglich.
Ist dann mein Gebet „erhört“ worden? Ich tendiere immer mehr zu der Ansicht, daß diese Frage so nicht zulässig ist, daß es auf sie keine Antwort geben kann.
Manche mögen einen solchen Prozeß „Selbstsuggestion“ nennen – sie hätten dann recht, wenn Gebet nicht gerade bedeuten würde, die göttliche Dimension in mein Leben mit einzubeziehen.
Beten bedeutet für mich also, um es nochmal mit anderen Worten zu sagen, mich in einen größeren Lebenszusammenhang hineinzustellen, mich in die Kraft, den Strom des Lebens hineinzubegeben. Ich spüre, ahne und suche Ausdrucksformen dafür, daß ich Teil dieser Lebenskraft bin und dort meinen Platz habe. Daraus schöpfe ich Kraft, Geborgenheit, Heimat, Hoffnung, Zuversicht.
Beten allein aber ohne Handeln hätte egoistische Züge. „Handeln“ heißt in diesem Zusammenhang, die durch das Gebet gewonnene Kraft und Hoffnung auch wieder in den Dienst dieses Gottes zu stellen, Hand anzulegen für das Reich Gottes. Die Rottenburger Diözesansynode hat es so formuliert „Je mystischer wir sind, desto politischer werden wir sein“, Frère Roger spricht von „Kampf und Kontemplation“, bei den Benediktinern heißt es „Bete und arbeite“.

Im Gebet wiederum ist mein Handeln in seinem Erfolg, aber auch in seinem „Nicht-Gelingen“ aufgehoben. Indem ich das Scheitern vor Gott bringe, kann ich ihm damit seinen Platz in einem „größeren Ganzen“ geben – dadurch erfahre ich gegebenenfalls auch die Relativität des Nicht-Gelungenen. Dies aber setzt gerade im Scheitern neue Lebenskraft für mich frei.
Beten kann ich auch für andere Menschen. Im Gebet bringe ich sie vor Gott und schaue sie an. Und diese Menschen in einem solchen „Licht“ zu besehen, verändert oft schon meinen Blickwinkel. Oder ich hole sie bewußt hinein in diesen Strom der Lebenskraft. Manchmal setze ich dann auch Zeichen, indem ich z. B. eine Kerze an einem Seitenaltar anzünde oder jemandem einen lieben Gruß schicke.
Und ich meine zu spüren, daß andere Menschen für mich beten – jedenfalls habe ich bisher keine andere Erklärung dafür gefunden, woher manchmal solche ungeahnten Kraftreserven in mir kommen, wenn ich eigentlich nicht mehr kann.
Beten – das ist eine Möglichkeit, aus diesem Teufelskreis des Egoismus heraus zu kommen, indem ich mich an ein größeres „Du“ wende. Das ist die Chance, mein Leben aus einem anderen Blickwinkel zu betrachten, in ein anderes Licht zu setzen. Dazu bedarf es nicht vieler Worte – leise ein „du“ zu sagen, ist schon Gebet.
Manchmal kann es ganz hilfreich sein, zu Zeiten, in denen ich anscheinend überhaupt nicht beten kann, in denen mir dieser Gott sehr fern ist, gerade dann das Beten zu versuchen, gerade dann meinen Gott ins Spiel zu bringen – Gebet kann auch Halt sein. Sehr spannend finde ich z. B. Kurse mit Priestern, in denen wir gemeinsam zu regelmäßigen Zeiten die Stundengebete miteinander beten. Da werden Gebetszeiten zu einem struktu-

rierenden Element, das Geborgenheit und Sicherheit bietet, Gebet wird zu einem Netz, in das ich mich unbesorgt fallen lassen kann. Auch das kann Gebet sein – aber ich darf es nicht allein darauf reduzieren. Es gibt unterschiedliche Formen des Gebetes, eben weil es unterschiedliche Lebenssituationen und -zeiten gibt, die jeweils ihre eigene Ausdrucksform brauchen.
Beten – das ist „Da-Sein" vor Gott. Wie ich das jeweils am besten ausdrücken kann, ob in Worten oder im Schweigen, im Tanz oder im „mich-auf-den-Boden-werfen", dafür gibt es keine Rezepte und keine Regeln. Ich glaube, Du mußt selbst Deine Erfahrungen mit dem Beten machen, und das geht nur über das Beten.
Ich wünsche Dir jedenfalls Menschen, mit denen Du sehr behutsam über diese Erfahrungen sprechen kannst.

Ich geschehe als der ich geschehen werde*

Gott
wo bist du heute abend?

Ich schreie zu dir
aber du gibst keine Antwort
ich will dich fassen
doch du entziehst dich mir
ich habe keine Kraft mehr
suche die bergende Hand
die schützende Schulter
doch du verweigerst dich

warum, Gott?

was ist der Sinn
der mir verborgen bleibt
und muß das denn jetzt wirklich
auch noch sein
hab ich nicht schon genug am Hals

ich kann nicht mehr
ich bin am Ende

verlaß du mich jetzt nicht auch noch

* Übersetzung von Ex 3,14 „Ich bin der ich bin" nach Reinhold Mayer

Mündig werden

Sie kamen nach Jericho. Als er mit seinen Jüngern und einer großen Menschenmenge Jericho wieder verließ, saß an der Straße ein blinder Bettler, Bartimäus, der Sohn des Timäus. Sobald er hörte, daß es Jesus von Nazaret war, rief er laut: Sohn Davids, Jesus, hab Erbarmen mit mir! Viele wurden ärgerlich und befahlen ihm zu schweigen. Er aber schrie noch viel lauter: Sohn Davids, hab Erbarmen mit mir! Jesus blieb stehen und sagte: Ruft ihn her! Sie riefen den Blinden und sagten zu ihm: Hab nur Mut, steh auf, er ruft dich. Da warf er seinen Mantel weg, sprang auf und lief auf Jesus zu. Und Jesus fragte: Was soll ich dir tun? Der Blinde antwortete: Rabbuni, ich möchte wieder sehen können. Da sagte Jesus zu ihm: Geh! Dein Glaube hat dir geholfen. Im gleichen Augenblick konnte er wieder sehen, und er folgte Jesus auf seinem Weg.

Mk 10,46–52

Es gibt einige Stellen in der Bibel, die mich nun schon über Jahre hinweg begleiten – und die ich von Jahr zu Jahr spannender finde. Die Heilung des blinden Bettlers ist eben eine solche Geschichte für mich.
Ich weiß noch, wann ich das erstemal mit dieser Stelle konfrontiert wurde. Es war in einem Kurs, Besinnungstage waren es wohl – und die Kursleitung las diese Bi-

belstelle vor und gab den Auftrag, diese Verse in die Ich-Form umzuschreiben.

Ich, Andrea Schwarz, die blinde Bettlerin ...

Da stockte mein Stift ... zum erstenmal spürte ich am eigenen Leib, daß diese Botschaft *mir* galt, daß *ich* dieser blinde Bettler bin. Es dreht sich um mich – ich bin gemeint ...

Und ich als blinde Bettlerin habe einen Namen – einen Namen, der so wichtig ist, daß er ausdrücklich genannt wird. Der Bettler ist nicht länger anonym, nicht irgendjemand ist gemeint, sondern ich bin es.

Ich, Andrea Schwarz, die blinde Bettlerin, sitze an der Straße ...

In meiner pädagogischen Arbeit gab es eine Phase der intensiven Auseinandersetzung um den Ansatz von Gruppenleiterausbildung. Welche Themen gebe ich in einer solchen Ausbildung vor – und inwieweit gehe ich auf die Themen ein, die die Teilnehmer mitbringen? Klar, als Sozialpädagogin, als Jugendreferentin weiß ich doch, was der andere braucht und lernen muß, um Gruppenleiter sein zu können. Ich glaube zu wissen, was für den anderen gut ist. Und wieder traf mich diese Schriftstelle: Was willst du, daß ich dir tun soll?
Mich hat das sorgsam aufhorchen lassen – Jesus geht an dem blinden Bettler *vorbei* und reagiert erst auf dessen Schreien. Und selbst dann noch fragt er, angesichts der Krankheit, die er wohl wahrgenommen hat: Was willst du, daß ich dir tun soll? Die Frage scheint überflüssig – Blinde wollen sehen ...

Wollen Blinde wirklich sehen? Und wollen Blinde wirklich geheilt werden? Das ist die Frage.
Jesus jedenfalls nimmt seinen Gesprächspartner als Gegenüber vollkommen ernst. Er handelt nicht einfach *an* ihm, sondern läßt ihn sein „Bedürfnis" selbst formulieren. Jesus gibt nicht vor zu wissen, was für den anderen gut ist, sondern fragt deutlich: „Was willst du, daß ich dir tun soll?" Heilung ist nicht etwas, das passiv an mir geschieht, sondern ist etwas, das meinen Eigenbeitrag erfordert.
Dies setzt neue Maßstäbe – ich kann nicht jemanden heilen, der nicht geheilt sein will. Ich kann nicht einfach an jemandem handeln, denn damit degradiere ich ihn zum Objekt meiner Nächstenliebe. Um mich selbst nicht heilen zu müssen, heile ich andere. Statt dessen ist gefragt, mein Gegenüber mündig werden lassen – ihn selbst in Sprache bringen zu lassen, was er von mir will, von mir braucht.
Pädagogisch gesehen heißt dies, darauf zu vertrauen, daß die Menschen, mit denen ich arbeite, oft besser wissen, was sie brauchen, als ich es von außen her sehend beurteilen kann. Das hat zur Konsequenz, Menschen nicht zum Objekt meiner Arbeit werden zu lassen, sondern sie dazu ermutigen, selbst ihr Leben in die Hand zu nehmen. Auf diesem Weg kann ich dann Begleiter sein.
Ein neuer Akzent hat sich in diesen Tagen aufgetan: In einem Kurs arbeiteten wir mit dieser Schriftstelle, um auf das Wechselspiel zwischen den Beteiligten aufmerksam zu machen. Bartimäus, der Einzelne, der seinen Mund aufmacht – die Menge, die hinter Jesus herzieht, ärgerlich auf die Störung durch den Außenseiter reagiert, ihn mundtot machen will. Es scheint, gerade zum Trotz gibt Jesus ihnen den Auftrag, Bartimäus herbeizurufen. Er hätte ihn sicher selbst rufen können – aber dies

ist wohl die Lektion, die er der Menge erteilen will: sie selbst müssen den herbeirufen, dem sie vorher gesagt haben, er soll sich gefälligst schön im Hintergrund halten. Und auf einmal sind sie nett und freundlich zu Bartimäus, sprechen ihm Mut zu (dabei ist er derjenige, der bisher am meisten Mut gezeigt hat) und tun ihm plötzlich schön. Einer Teilnehmergruppe fiel auf, daß eigentlich nicht Bartimäus der Blinde ist, er sieht und weiß ziemlich genau, wer und was ihm helfen kann. Blind ist die Menge, die ihr Mäntelchen nach dem Wind hängt, die nicht durch Außenseiter gestört sein will, ihr eigenes Blindsein nicht erkennt.
Ich denke, es lohnt sich, in die verschiedensten Situationen hinein einmal zu fragen: „Wer ist denn eigentlich gerade der Blinde?" Und es könnte spannend sein, dabei zu entdecken, daß nicht immer der, von dem man es meint, eben der Blinde ist. Auch die Menge ist nicht unbedingt immer diejenige, die sehend ist ...
Mir persönlich macht es Mut, auch gegen die Stimme der Menge den Mund aufzumachen: „Jesus, hab Erbarmen mit mir – ich möchte sehen können!"

Gott im Dunkel der Nacht

„Ich bin es, fürchtet euch nicht!“

> In der vierten Nachtwache kam Jesus zu ihnen; er ging auf dem See. Als ihn die Jünger über den See kommen sahen, erschraken sie, weil sie meinten, es sei ein Gespenst, und sie schrien vor Angst. Doch Jesus begann mit ihnen zu reden und sagte: Habt Vertrauen, ich bin es; fürchtet euch nicht!
>
> Mt 14,25–27

Das kenne ich gut – mitten in der Nacht kommen plötzlich Gespenster auf mich zu ... Einsamkeit fängt mich ein, Verzweiflung steigt hoch, meine Phantasien malen wüste Bilder, was alles passieren könnte. Angst erfüllt mich, eine ganz unbestimmte Angst, die mein Herz verkrampft, mir den Mut nimmt. Es sind chaotische Situationen, Stunden, in denen alles durcheinandergerät, Lebensstrukturen und -werte plötzlich im Nichts verschwinden, mich kein Halt mehr hält.

Und oft fliehe ich dann vor mir selbst, greife zum Telefon, verabrede mich mit Freunden, vergrabe mich in ein Buch, schalte die Musik ein bißchen lauter. Es sind Stunden, in denen ich Angst habe vor mir selbst und dem, was an Empfindungen alles in mir ist.

Es sind Krisensituationen, kleine und große. Das sind Tode, die gestorben sein müssen, damit Auferstehung möglich wird. Altes muß im Nichts verschwinden, damit Neues entstehen kann. Das Chaos will durchlebt sein, um einen neuen Kosmos zu schaffen.

Das ist schwer, unsagbar schwer. Im Moment der Verzweiflung bin ich gebannt von der Angst – noch weiß ich nicht um die Schönheit des Neuen. Wie ein verwundetes Tier schreie ich still meinen Schmerz in die Nacht hinaus – und muß doch erfahren, daß ich allein bin, daß niemand mich hört, mich niemand versteht.
So weh es tut – es gilt, diese abgrundtiefe Einsamkeit, das Nicht-Verstanden-Werden, dieses absolute Durcheinander auszuhalten – zu bleiben und nicht zu flüchten. Nur dann, wenn ich dieses „Gespenst“ an mich herankommen lasse, es zulasse, kann sich eine solche Krise als heilsam und heilend erweisen. Ich schreie vor Angst, und doch kann sich zugleich dieser Gott mir nähern und zu reden beginnen. Nicht das Negieren solcher schmerzlichen Erfahrungen ist gefragt, sondern das Aushalten, das Bleiben, das Standhalten – um ins Hören zu kommen. „Habt Vertrauen, ich bin es; fürchtet euch nicht!“ – das scheinbare Gespenst kann sich als existentielle Begegnung mit diesem Gott entpuppen. Es ist eine Begegnung, die mich verändert, die mir neuen Mut gibt, aufgrund derer ich mir Neues zutraue. Meine Lebenskrise wird zu einem notwendigen Zwischenstadium, um Anderes wachsen zu lassen.
Das ändert zunächst nichts an der Schmerzhaftigkeit solcher Krisen – aber es stellt sie für mich in einen anderen Zusammenhang. Es macht mir Mut, das Chaos zuzulassen, mich den Gespenstern nicht zu verwehren – um vielleicht genau dann diese zarte Stimme zu hören: „Ich bin es – fürchtet euch nicht!“

Mutter Nacht

Nur in den dunklen
Stunden der Nacht
bekommen Visionen
Hand und Fuß
haben Träume
ein Gewicht
werden Märchen
Wirklichkeit

und verwundert
lauscht der Morgen
unbekannten Melodien

Mutig sein
wenn der Mut mich verläßt

Sehnsucht
lehrt Suchen

und suchend
werde ich finden

und findend
erkenn' ich mich

und mich erkennend
werde ich verwirrt sein

und
ich werde
mein blaues
Wunder
erleben

Jesus sprach: Nicht soll aufhören der, welcher sucht, zu suchen, bis er findet, und wenn er findet, wird er verwirrt sein, und wenn er verwirrt ist, wird er sich wundern und wird herrschen über das All.

Thomas-Evangelium, Logion 2

„Bruder Tod“

Eine Zeile aus einem Lied von Reinhard Mey hat sich mir eingeprägt: „Mein Testament ist geschrieben ...“. Mit 31 Jahren habe ich mein erstes Testament an einem Karfreitag in einer kleinen Wirtschaft im Schwarzwald entworfen – und das Schreiben dieses Testamentes war Ergebnis eines langen Weges, auf dem ich mich mit meinem eigenen Tod auseinandersetzte.
Der Tod ist mir Bruder geworden auf diesem Weg – ich ahne um die Gegenwart des Todes in meinem Leben und weiß, daß Leben und Tod zusammengehören. Angst habe ich vor dem Sterben, vor einem leid- und qualvollen Dahinsiechen, vor den Schmerzen, vor der Abhängigkeit von Instrumenten und Apparaten. Das, was anschließend kommt, macht mir keine Angst. Ich weiß nicht genau, was dann kommen wird, aber ich stelle es mir schön vor. Möglicherweise ist es ein Zurückgehen in eine Grundgeborgenheit, aus der heraus ich gekommen bin – und vielleicht ist es eine solch' unbewußte Erfahrung von Geborgenheit, die für mich mein Ahnen so sicher macht.
Der „Himmel“ – das ist ein „neues Sein“, das ich mir nicht ausmalen kann und das doch sein wird. Und es wird schön sein, auch wenn es ganz anders sein wird als das, was ich auf Erden mit „schön“ verbunden habe. Um dieses „neue Sein“ zu beschreiben, reichen Worte nicht aus, sind Bilder unzulänglich, versagen meine menschlichen Vorstellungsmöglichkeiten.

Ich glaube nicht an Reinkarnation – und will auch gar nicht daran glauben. Meine Individualität besteht darin, daß es mich nur in diesem Leben gibt, ich persönlich von meinem Gott bei meinem Namen gerufen wurde. Der Gedanke, noch einmal wiedergeboren zu werden, reizt mich überhaupt nicht – ich finde ihn eher lästig. Seltsam, ein Kirchenlied fällt mir ein, das ich als Kind schon gern gesungen habe, ohne damals den Sinn eigentlich so recht zu verstehen:

Wir sind nur Gast auf Erden
und wandern ohne Ruh
mit mancherlei Beschwerden
der ewigen Heimat zu.

Und sind wir einmal müde,
dann stell ein Licht uns aus,
o Gott, in deiner Güte,
dann finden wir nach Haus.

Wenn ich sterbe, möchte ich nach Hause kommen – und mich nicht noch einmal auf diese Wanderschaft des Lebens begeben müssen. Ich denke mir, der Tod, das kann wirklich Heimat und Ankommen sein ...
Das Sterben ist das Überschreiten dieser Grenze – vom Vorläufigen zum Endgültigen. Grenzüberschreitungen können weh tun.
Der Tod aber ist nicht nur ein einmaliges und endgültiges Ereignis in meinem Leben – mit dem „Tod“ werde ich tagtäglich neu in meinem Leben konfrontiert: eine Liebe endet in Fremdheit und Nicht-Verstehen, ein Traum von einer gemeinsamen Wohngemeinschaft zerplatzt wie eine Seifenblase, eine Zeitschrift schickt mir einen Artikel zurück mit der Bemerkung „gedanklich

unausgereift“, auf einen mir wichtigen persönlichen Brief kommt keine Reaktion – es sind „kleine Tode“, die gestorben sein müssen. Manchmal, da verdränge und verleugne ich diese „Tode“ und will am liebsten vorher schon „auferstehen“. Und dann wieder kann ich in die Gefahr kommen, mich so vollkommen meinem Kummer hinzugeben, daß ich mich am liebsten in einer Höhle verstecken möchte, und mir in einem solchen Moment überhaupt nicht vorstellen kann, da noch einmal hervorzukriechen.
Beide Möglichkeiten des Umgangs mit diesen „kleinen Toden“ greifen zu kurz, sind auf ihre Art und Weise „unmenschlich“. Ich muß „loslassen“ lernen, das Leben ist in diesem Fall der Schulmeister. Und ich darf um das „Losgelassene“ trauern und darf dieser Trauer ihre Zeit geben. Dann aber bin auch ich aufgefordert, mich wieder neu diesem Leben zu öffnen, mein kleines „Fest der Auferstehung mitten im Tag“ zu feiern, wie es in einem Lied heißt. Gott ruft zum Leben – zu einem solchen Leben gehören Tod und Trauer mit dazu, aber sie bestimmen nicht ausschließlich mein Da-Sein.
Diese Aufforderung zum Leben ist Einladung, kein Zwang – Gott drängt sich niemandem auf. Und es mag sein, daß die scharfe Aussage Jesu „Laß die Toten die Toten begraben!“ (Lk 9,60) im Zusammenhang mit Nachfolge eben genau dies meint: Laß die, die tot bleiben wollen, sich gegenseitig und miteinander beschäftigen – du aber geh’ los und verkünde das Reich Gottes. Laß dich nicht in dieses Totenreich mit hineinziehen.
Ein hartes Wort – aber ich finde es auch befreiend. Ich muß mich um den einzelnen Menschen bemühen – aber wenn dieser Mensch „tot“ bleiben will, so kann ich das auch zulassen. Gerade im Zusammenhang mit „nachfolgen“ ist dies wohl ein ähnlich entscheidender Satz wie

„Wenn man euch aber in einem Haus oder in einer Stadt nicht aufnimmt und eure Worte nicht hören will, dann geht weg, und schüttelt den Staub von euren Füßen" (Mt 10, 14). Verkündigung des Glaubens ist Einladung – keine Vergewaltigung.

Auch hier muß ich „loslassen" lernen – so sehr es auch schmerzen mag, wenn es sich um Menschen handelt, die mir wichtig sind und die scheinbar mit dem Glauben nichts anfangen können.

Glauben zu dürfen ist Gnade und Geschenk – und kein Grund, deshalb auf andere herabzuschauen. Mag sein, daß ihr Weg ein anderer ist, den sie nur dann gehen können, wenn ich sie losgelassen habe.

„Loslassen" – vielleicht ein ganz gutes Synonym für „sterben". Beim allerletzten Tod muß ich das Leben loslassen, um neues Leben gewinnen zu können. Und es könnte sein, daß gerade den Menschen das Sterben am schwersten fällt, die sich in ihrem Leben dauernd an etwas oder an jemandem festgeklammert haben.

„Überantworten" könnte ein anderes solches Synonym sein – mich, den Freund, die Menschen, die mir wichtig sind, Gott überantworten – ihm die Verantwortung dafür geben, wie das Leben jetzt weitergehen kann.

Gott liebt das Leben ...

Eines Tages

wenn der Tod
nicht mehr
vorübergeht
an meinem Hause
stehenbleibt

dann mögen
alle Türen
offenstehen

Leben lernen angesichts des Todes

Manchmal suche ich Antworten auf Fragen, die möglicherweise gar nicht beantwortbar sind. Und so kann es ganz interessant sein, manche Fragen einmal daraufhin zu untersuchen, ob sie überhaupt in der Form so richtig gestellt sind.
Die Frage „Warum lebe ich?“ scheint mir eine solche Frage zu sein. Ich lebe – die Frage nach dem Warum scheint mir eher unangemessen, wenn nicht gar sinn-los zu sein. Fast höre ich mit: „Wer ist denn dran schuld, daß ich lebe?“ Wenn ich es wüßte, was würde sich dadurch denn verändern? Die Frage nach dem „Warum?“ ist nicht beantwortbar.
Mir scheint eher, daß sie vergangenheitsorientiert ist, von einem passiven Lebensansatz ausgeht und deshalb wohl nicht zu einer aktiven Zukunftsbewältigung beiträgt, auch wenn der Frager oft eben darauf eine Antwort haben will ...
Spannender dagegen könnte die Frage sein „*Wozu* lebe ich?“. Hier ist nach Sinn und Zukunft gefragt, diese Frage weist nach vorne, enthält meine eigenen Anteile und Zielvorstellungen, die gelebt und gestaltet sein wollen. „Wozu lebe ich?“ – da ist sowohl Berufung gemeint wie auch eigenständiges Handeln, da ist Plan Gottes gemeint in der Spannung zu meiner eigenen Lebenskonzeption.
Und dann kann ich zugeben, daß in dieser Welt vieles im argen liegt, daß ich allein weder das Ozonloch noch

die Abholzung der tropischen Regenwälder verhindern kann, aber meine Resignation ändert noch viel weniger daran. Wozu lebe ich? Möglicherweise auch dazu, daß diese Welt, wenn schon nicht besser, so doch vielleicht auch nicht gerade schlechter wird durch mein Da-Sein. Vielleicht zögert mein Kauf von Pfandflaschen, mein Sammeln von Altpapier, mein sorgsamer Umgang mit Wasser den Kollaps dieser Erde um eine Sekunde hinaus. Sechzig Sekunden aber ergeben eine Minute – und wie lang kann allein schon eine solche Minute sein. Oder, um bei solchen Zahlenspielen zu bleiben, eine gewonnene Sekunde für die Welt sind bei 6,5 Milliarden Menschen 6,5 Milliarden Menschensekunden – das entspricht 206,11 Menschenjahren. Grundsätzlich ändert dies am Kollaps der Erde nichts, aber vielleicht erfährt ein Mensch, nur ein Mensch, in dieser gewonnenen Sekunde genau das, was ihm zur Vollendung seines Lebens noch fehlt. Ist dann mein Engagement, so wenig es auch sein mag, nicht doch sinnvoll gewesen?

Seltsam – mir fällt das Gleichnis von der wunderbaren Brotvermehrung an dieser Stelle ein – ein kleiner Junge hat zwei Fische und fünf Brote (Joh 6,8). Wie um alles in der Welt soll man davon eine ganze Menge von Menschen satt bekommen? Aber – es klappt tatsächlich. Die Menschen werden satt, und es bleibt sogar Brot übrig. Das, was ich habe, kann ich hergeben, voller Vertrauen vor Gott bringen. Ich bin aufgefordert, meinen Teil zu tun – und darf mich darauf verlassen, daß Gott das Seine dazu tun wird …

Das ist auch Entlastung für mich. Das Wenige, was ich tun kann, was ich hergeben kann, das ist wichtig und ist gefragt. Nichts ist zu gering, als daß es von Gott nicht aufgehoben werden würde. Meine Aufgabe aber ist es, dieses Geringe zu tun. Ich kann nicht alleine die gesamte Welt retten, aber auch angesichts scheinbar überwältigender Umweltkatastrophen, vor denen sich mein Tun so zwergenhaft klein darstellt, sind eben diese kleinen Zeichen gefragt und sinnvoll. Diejenigen, die sich von dem Ausmaß dessen, was zu tun ist, lähmen lassen – vielleicht vertrauen sie nicht genug.

Es ist ein Kind, das seine zwei Fische und fünf Brote hergibt, ein Kind, das einfach darauf vertraut, daß es selbst schon irgendwie satt werden wird. Und manchmal denke ich, möglicherweise hat dieses Kind schon viel mehr von der Botschaft Jesu verstanden als ich. Vielleicht sollte ich meine zwei Fische und fünf Brote auch nicht allzu gering achten …

Wo war Gott?

Mauthausen – meine erste Begegnung mit einem ehemaligen Konzentrationslager. Ich bin entsetzt, verwundet, sprachlos, aufgewühlt …
Und die Frage „wo war Gott damals?“ bekommt plötzlich eine Antwort. Er war hier, hier in Mauthausen – er war einer der Männer, die mit Steinen beladen, die Todesstiege hinaufkletterten, er war einer der Insassen, auf den die Wächter die Hunde hetzten, er war die Frau, die vor dem offenen Massengrab erschossen wurde, er war das Kind, das vor Hunger schrie. Ihm wurde befohlen, die Kleider auszuziehen und in das Gemeinschaftsbad zu gehen. Er rang nach Luft, als das Gas in die Kammer einströmte, mag sein, er schrie. Ob auch in Mauthausen um Kleider gewürfelt wurde?
Die kleine Kapelle scheint mir fehl am Platz zu sein – Gott hat in den Baracken gelebt …

Mauthausen

auf dem Appellplatz
ein Blatt
vom Wind gejagt

　　der Blechteller
　　scheppert hart
　　durch einen Fußtritt
　　aus der Hand
　　geschlagen
　　dünne Kohlsuppe
　　versickert
　　im Boden
　　Finger zucken
　　einen Moment lang
　　Leben in den Augen
　　um in Stummheit
　　zurückzufallen

auf dem Appellplatz
das Rascheln eines Blattes
ein Schrei
vom Wind verjagt

Mit Gott das Leben feiern

Bricht Morgen an

Füße suchen
den Weg
Hände tasten
nach Halt
Schultern ermüden
unter der Last

und doch

sag ich
ja
zu Kraft
und Grenze

und lebe
und lebe

Gott hat die Sehnsucht ausgegossen in unsere Herzen

Es gibt Tage in meinem Leben, da steckt eine geheimnisvolle Kraft in mir. Da ist es, als ob alles Verhärtete plötzlich weich wird. Da fließt es in mir, ich bin in der Bewegung, die Bewegung ist in mir. Das sind Tage, an denen mein Lächeln ansteckt, meine Augen offen sind für Dinge, die ich sonst übersehe, da hören meine Ohren plötzlich Melodien – das sind Tage, an denen einfach alles rundläuft und rund ist. Ich gebe zu, sie sind selten, diese Tage – und ich empfinde sie wohl auch nur des-
[illegible] dunklen Hintergrund dazu
[illegible]sticht.
[illegible] das Helle und das Dunkle,
[illegible]d Nacht, bedingen einander,
[illegible] jeweils Eigene zu sein. Der
[illegible]Sommer, Herbst und Winter
[illegible] das Durchleben der Wochen
[illegible] vom morgendlichen Auto-
[illegible]ckt werde und weiß, ich muß
[illegible]ie Wohnung verlassen; es
[illegible] an denen ich, durch Arbeits-
[illegible] im Dunkeln weggehe, abends
[illegible]e; es braucht die eiskalten
[illegible]renen Wasserhahn und die
[illegible]mmernächten, um den Früh-
[illegible] begrüßen und willkommen heißen zu können.

Immer nur Helle, immer nur Frühling, immer nur Sonn-

tag, immer nur Hefezopf – wie langweilig... Dunkelheit, Herbst, Alltag und Schwarzbrot sind notwendig, um das jeweils andere beschreiben und begreifen zu können. Dabei lassen sich die einzelnen Begriffe solcher Unterschiedspaare nicht bewerten. Wenn es den Herbst braucht, damit es Frühling werden kann und umgekehrt, dann ist nicht automatisch das eine besser als das andere. Der Tag braucht die Nacht – ohne das Ausruhen, das Träumen, das Lassen in der Nacht kann ein Handeln, ein Werden nicht sein. Eins braucht das andere.
Solche Gegensatzpaare sind uns Menschen oft unbequem. Wir können und wollen vielleicht auch nicht verstehen, daß es eben Gegensätzliches im Leben gibt. Viel lieber hätten wir es harmonisch, friedvoll, zusammenpassend. Gegensätze – das bedeutet unterschiedliche Meinungen, Konflikte, Streit, ist die alte Frage: wer gewinnt?
Unsere Vorlieben scheinen dabei zum Hellen, zum Tag, zum Hefezopf hin zu tendieren. Dieser Pol scheint uns einfacher lebbar zu sein. Man will sich das Angenehmere holen – und das auf den ersten Blick weniger Schöne wegfallen lassen. So freue ich mich auf das freie Wochenende – und mag den Montag nicht, denn da fängt die Arbeit wieder an. Krankheit, Siechtum, Alter, Tod werden verdrängt, abgeschoben – sicher, irgendwann einmal, aber jetzt doch nicht. Die Jahreszeiten werden egalisiert – im Januar werden Erdbeeren und neue Kartoffeln angeboten, die nach nichts schmecken. Ich lasse Liebe und Zärtlichkeit als Gefühle zu, ersticke aber meinen Haß und meine Wut. Ich lebe mein Glück und will die Trauer nicht kennen. Ich will das Schöne und Angenehme – am liebsten dauernd und sofort.
Ich glaube, das kann so nicht gut gehen. Das ist, als

wenn ich meinen Schatten verkaufen wollte – ich gebe etwas her, das zu mir gehört, das mir aber doch sinnlos erscheint, mit dem ich im Moment nichts anfangen kann und will. Mit meinem Schatten mag ich mich nicht auseinandersetzen – und auch nicht mit Tod, Krankheit, Behinderung, den dunklen Mächten der Nacht und was weiß ich sonst noch alles. Damit aber verarme ich auch. Ich verkaufe dem scheinbaren Glück meinen Schatten und merke nicht, daß es der Teufel selbst ist, dem ich mich verkaufe.

Schatten können nur da sein, wo Licht ist – es braucht den Gegensatz, um das jeweils andere zu erkennen. Ohne Herbst kein Frühling ... der Frühling läßt sich nicht dadurch erzwingen, daß ich den Herbst verkaufe. Leben ohne Tod ist kein Leben.

Es mag schwer sein, diese Gegensätze in mir und in anderen auszuhalten. Mir jedenfalls fällt es schwer, an diesen Tagen der Trauer, der Dunkelheit mich nicht nur in die Hoffnung des Lichtes zu flüchten, sondern diese Dunkelheiten anzunehmen und zu er-leben.

Aber möglicherweise bedeutet der Ausdruck „ganzheitlich leben“ – oder biblisch gesagt „das Leben in Fülle“ genau dies: nicht einseitig zu leben, sondern den Gegensätzen und Widersprüchlichkeiten in mir Raum und auch Zeit geben, um in einen Rhythmus zu finden von Tag und Nacht, Sein und Werden, Tun und Lassen. Oder in Regeln als Lebensform beschrieben: Bete und arbeite, Widerstand und Ergebung, Kampf und Kontemplation.

Versöhnung ist angesagt, eine Versöhnung aber, die die Gegensätze nicht verleugnet, sondern ihnen ihren Platz läßt. Eine Versöhnung, die zuläßt, daß es schwarz und weiß, Mann und Frau, Bewegung und Ruhe, gibt; eine Versöhnung, die die Gegensätze auf einer anderen

Ebene aufhebt und integriert – nachdem sie gelebt werden. Der Gott, an den wir glauben, ist auch zuallererst Gegensatz, bevor wir ihn auf einer neuen anderen Stufe des Erlebens als überraschend-neue Einheit erleben. Gott ist Tag und Nacht – ist Mann und Frau – Sonntag und Alltag – Frieden und Konflikt – Geborgenheit und Wüste – Aufbruch und Ankommen. Er ist all dies, und gleichzeitig doch mehr, eben weil in ihm diese Gegensätze zu einer neuen Einheit verschmelzen – einer Einheit, die aber erst durch die Anerkennung der Gegensätze möglich ist.

Und tief in unserer Seele wissen wir um eine solche Einheit, um diese unstillbare Sehnsucht, die in unserem Leben nie befriedigt werden kann. Unser Gott hat diese Sehnsucht ausgegossen in unsere Herzen, wir kommen aus dieser Sehnsucht und werden in diese Sehnsucht heimkehren – und vielleicht heißt Leben ganz einfach sehnsüchtig sein nach dem, was nicht ist.

Wir haben ein Recht auf eine solche Sehnsucht – Gott selbst hat sie uns immer wieder zugesagt. Das Reich Gottes, das Land, in dem diese Sehnsucht erfüllt wird, ist nahe, ist in uns schon angebrochen. Und Reich Gottes heißt eben nicht, Harmonisierung um des lieben Friedens willen, ist nicht nur das sanft vor sich hin glimmende Licht, das leuchtet und wärmt, sondern ist eben auch das Feuer, das brennt und versengt – und das einen neuen Frieden mit sich bringt. Dieser neue Friede ist es, wenn Wolf und Lamm nebeneinander liegen, wenn sich die Gegensätze auf unverständliche Art miteinander versöhnen – das ist Reich Gottes.

Und mir wird immer klarer, daß Reich Gottes kein Zustand, sondern ein Weg ist, ein Weg, der die Sehnsucht zum Ziel hat, vielleicht selbst schon Sehnsucht ist. Und es gibt solche Tage, an denen ich ahne, wie die Erfüllung dieser Sehnsucht sein könnte – das sind die Tage, an denen sich überraschenderweise alles zum Guten auflöst. Da spüre ich etwas von diesem Geist, von dem es beim Propheten Ezechiel heißt: „ich hauche euch meinen Geist ein, dann werdet ihr lebendig, und ich bringe euch wieder in euer Land.“ (Ez 37,14). Das ist unbedingte Zusage – keine Vertröstung. Das ist Geschenk – und nicht numerus clausus. Das ist der neue Friede, das Land, in dem die Erfüllung der Sehnsucht wohnt.

Der Weg dorthin ist wichtig – und auf diesem Weg heißt es, die Gegensätze zu akzeptieren und zu leben – eben nicht auf einen faulen Frieden hereinzufallen, sich nicht gemütlich zur Ruhe zu setzen, sich nicht die Rosinen aus dem Kuchenteig zu picken.

Leben – das ist Gegensätzlichkeit, ist Konflikt und Auseinandersetzung – für den Christen aber in der Geborgenheit der Zusage Gottes, daß es eine solche Erfüllung unserer Sehnsucht tatsächlich gibt.

Ganz anders

Aufbruch
ist Ankommen
der Weg
ist das Ziel
der Traum
wird Wahrheit
und Leben
Gedicht

Unruhig

wenn die Sehnsucht
nach dem ganz anderen
mich am Morgen wieder
die Zelte abschlagen läßt

um weiterzuwandern
einem Ziel entgegen
von dem ich nichts weiß
außer der Sehnsucht

Mit Sehnsucht im Herzen

Jesus sagte: Ich bin gekommen, damit sie das Leben haben und es in Fülle haben.

Joh 10,10

Die Entscheidung für ein „Leben in Fülle" sollte eigentlich gut überlegt werden. Sicher, es ist schön, intensiv zu leben – es ist aber auch eine Art zu leben, die ungeheuer viel Kraft kostet. Und ich gebe zu, an manchen Abenden sehne ich mich nach mehr Oberflächlichkeit, damit es ab und an vielleicht doch ein bißchen einfacher wäre ...

Zu einem solchen Zeitpunkt allerdings läßt sich diese Entscheidung schon nicht mehr rückgängig machen. Wenn man einmal um das intensive Aufblitzen des Glücks weiß oder auch nur ahnt, gibt es kein Zurück mehr. Die Sehnsucht im Herzen lehrt das Suchen ...

„Leben in Fülle" aber meint nicht nur, die eher angenehmen Stunden des Erfülltseins und der Nähe intensivst zu erleben, sondern auch die Stunden voller Einsamkeit, Distanz und Trauer. Mir tut das weh – und es kostet mich Kraft.

Trotzdem – es ist eine Entscheidung, die ich eigentlich nicht selbst treffen, von daher auch nicht bewußt steuern kann. Meine Sehnsucht, das Ahnen eines ganz anderen Lebens läßt mich aufbrechen, mich auf den Weg machen ... und dieses Ahnen um etwas, das Ziel dieses

Wegs sein könnte, macht mich bereits untauglich für ein „normales“ Leben, entlarvt die Oberflächlichkeit …
In diesem Moment zieht die Spannung von Chaos und Kosmos in mein Leben ein, von Todeserfahrungen mitten im Leben und von Auferstehung mitten im Tag, von Abgrenzung und Nähe, von Nicht-verstanden werden und von Stunden, in denen alles harmonisch schwingt. „Leben in Fülle“ ist immer Leben zwischen den Polen, ist die dauernde Suche nach Balance und Identität – um sie im Finden bereits wieder zu verlieren.

Wüste

In der Weite
scheinen Wege
endlos
erstickt die Stille
den Schrei
salzen Tränen

Manna

Emmaus

Da sind zwei unterwegs, die an einen Menschen und seine Botschaft geglaubt haben. Darauf hatten sie ihre Hoffnung gesetzt. Die Hoffnung ist tot, brutal hingerichtet. Ihr Leben ist über Nacht arm geworden, inhaltslos. Es bleibt nur das Fortgehen – die Rückkehr in den früheren Alltag und das, wovon sie sich eigentlich losgesagt hatten. Da sind zwei, die resigniert haben, die sich nicht mehr auskennen mit der Welt und mit all dem, was in ihnen ist. Und da, mitten in dieser trostlosen Situation, wird in ihnen die Hoffnung neu gezeugt, geht der auferstandene Jesus mit ihnen. Er begleitet sie auf dem Weg, der die Zeichen des Todes trägt, hört ihnen zu, nimmt ihre Fragen ernst, erklärt geduldig. Und dann die Szene vor dem Wirtshaus: Er drängt sich ihnen nicht auf, sondern er läßt die beiden ihre Wünsche und Bedürfnisse selbst formulieren. Er nimmt ihnen die oft so schwere Aufgabe nicht ab, zu erkennen und in Sprache zu bringen, was ihnen gut tut, was sie möchten. Und geht schließlich mit ihnen in das Haus hinein, um bei ihnen zu bleiben. Ein schönes Bild – dieser auferstandene Jesus nimmt zwei verwirrte Jünger, die ins Zweifeln gekommen sind, so wichtig, daß er ihnen nachgeht, sie begleitet, sie mündig werden läßt, bei ihnen bleibt. Sollte man nicht meinen, dieser Auferstandene hätte eigentlich Wichtigeres zu tun? Wäre es nicht sinnvoller, nun gerade den Mächtigen im Lande im Licht der Auferstehung zu erscheinen und sie endgültig von der Kraft der

Botschaft zu überzeugen? Oder wäre es nicht hilfreicher, irgendeine Versammlung einzuberufen, um diesen versprengten Haufen der Apostel und Jünger zu organisieren und zusammenzuhalten? Sollten nicht irgendwelche Pläne überlegt werden, was für die Zukunft getan werden muß? Das alles scheint nicht der Weg des Auferstandenen zu sein. Er geht einfach mit den Verwirrten und Heimatlosen mit, nimmt sie ernst in ihrer Situation. Er geht dem einzelnen nach, wartet nicht auf das Kommen, sondern ist dort, wo die Menschen sind. Er begleitet sie, auch wenn der Weg von Jerusalem wegführt. Er nimmt sie ernst, hört zu, fragt nach, erklärt. Und plötzlich brennen Herzen ...

Ein anderer Weg – ein Weg, der sich eigentlich unserem planenden Handeln widersetzt. Ein Weg, der das Denken in herkömmlichen Strukturen vollkommen sprengt – der Weg nach Emmaus. Das Mitgehen und Begleiten auf dem Weg der Hoffnungslosigkeit ist ein Weg, bei dem plötzlich die Zeichen des Lebens einen Platz haben, dann, wenn ihre Zeit gekommen ist.

Und unsere Kirche heute? Geht sie mit den Menschen dieser Zeit noch den Emmausweg? Wo sind die Menschen, die begleiten, zuhören, nachfragen? Die Herzen zum Brennen bringen? Es gibt sie ja, einige wenige. Aber müßte dies nicht eine Aufgabe sein, die für alle Christen gilt? Wem gehe ich nach? Wen begleite ich auf seinem Weg des Todes? Auferstehung zu bezeugen, das kann nur im Mitgehen geschehen – und dann brennen Herzen.

Liebe ist kein Zustand, den man endgültig erreichen kann. Liebe ist ein Weg, ein Prozeß, ein Mitgehen, Hinhören, Fragen, Dabeibleiben – auch wenn der Weg scheinbar von Jerusalem, vom Ort der Kirche, wegführt. Das ist ein Mitgehen auf dem Weg der enttäuschten

Hoffnungen, ist ein geduldiges Warten auf den Zeitpunkt, an dem die Zeichen des Lebens ihren Platz finden. Das ist der andere Weg – der Weg nach Emmaus.
Diesen Weg zu beschreiten, das ist in erster Linie Arbeit. Und da, wo die Ehre, das Anerkanntsein, wichtiger wird als der Mensch, da wird nicht die Nachfolge Christi angetreten. So wie es im ersten Korintherbrief heißt: „Und wenn ich meine ganze Habe verschenkte, und wenn ich meinen Leib dem Feuer übergebe, hätte aber die Liebe nicht, so nützte es mir nichts." Eine solche Liebe ist demütig. Sie zwingt nicht herbei, sondern läßt wachsen. Sie dient dem anderen, ohne sich dabei klein zu machen. Sie erfüllt, ohne Platz zu beanspruchen. Es ist eine Liebe, die liebt, um zu lieben, und nicht, um geliebt zu werden. Es ist genau die Liebe, die Jesus uns mit seinen Taten und Worten vorgelebt hat. Eine Liebe, die befreit und nicht entmündigt. Eine Liebe, die nicht von vornherein zu wissen meint, was für den anderen gut ist. Von solch einer Art ist die Liebe, die Jesus den beiden Emmausjüngern nicht nur nahe bringt, sondern regelrecht hinterherträgt.
Jeder, der versucht, die Nachfolge Christi anzutreten und sich auf diesen Weg zu machen, ist in einem solchen Sinne Emmausbegleiter. Wer selbst schon solche Täler von Hoffnungslosigkeiten durchschritten und dabei erfahren hat, daß Hoffnung neu ins Leben kommt, kann dies glaubwürdig bezeugen. Aus diesem Erleben heraus kann er mitgehen, zuhören, dabei sein – bauend auf Gottes Wort, kann er mit ihnen und mit Gott das Leben feiern.

Die selbstwachsende Saat

Es war seltsam heute abend – in einem Gespräch ertappte ich mich andauernd dabei, daß ich vom „Geheimnis" der „selbstwachsenden Saat" sprach statt vom „Gleichnis" … aber beim Nachdenken fiel mir auf: so falsch ist dieser Versprecher eigentlich gar nicht.
Da sät ein Mann Samen auf den Acker, er schläft und steht wieder auf, es wird Nacht und es wird Tag – und der Samen keimt und wächst, und der Mann weiß nicht, wie … (Mk 4,26–29).

Da ist jemand tatkräftig am Werken – der Mann wird den Samen sorgfältig ausgesucht haben, er wird gründlich den Acker umgegraben haben, um dem Samen einen guten Boden zu bereiten, mag sein, er hat tagelang das Wetter beobachtet, um den richtigen Tag für die Aussaat zu finden, und schließlich geht er über das Feld und wirft den Samen in die Erde.
Bis dieser Same in den Boden fällt, ist viel Arbeit getan worden, Arbeit, die Kraft und Liebe kostet.
Das kenne ich doch irgendwoher … eine Freundschaft, für die ich viel getan habe, Kursteilnehmer, auf die ich voll und ganz konzentriert war, ein Gespräch mit einem Bekannten, das Kraft gekostet hat … Ich habe mich ganz schön angestrengt. Und jetzt bin ich gespannt und neugierig, was da wohl wachsen mag. Und am liebsten würde ich dem anderen nun auch noch beim Wachsen helfen …

Der Mann aus unserer Geschichte aber geht heim, und legt sich schlafen. Er läßt sein Feld Feld sein – und kümmert sich scheinbar nicht mehr darum. Er konzentriert sich auf sich und das, was ihm gut tut – und die Nacht bricht herein, und es wird wieder Tag, ohne daß der Mann für sein Feld etwas tut.

Und inzwischen keimt und wächst die Saat, und der Mann weiß nicht, wie das geschieht.

Das Begriffspaar „kämpfen" und „zulassen" fällt mir ein – und ich ahne darum, daß diese Geschichte, die Jesus da erzählt, möglicherweise wirklich ein gleichnishafter Schlüssel zu gelingendem Leben sein kann.

Wenn ich andauernd nur kämpfe – um Beziehungen, um Verstanden-werden, um geliebt-werden, aber nichts und niemandem Zeit lasse, um zu wachsen, dann kann Leben nicht gelingen, haben Saatkörner keine Zeit, zu keimen und aufzugehen.

Mein Tun bedarf auch des „Ruhen-lassens", ich darf mich zur Ruhe legen – und kann und darf den anderen die Zeit geben, die sie für sich, ihr Wachsen, ihren Prozeß brauchen.

Andererseits – nur freundlich an der Seite stehen und darauf warten, daß sich irgendwas tut ... das geht auch nicht. Der Boden will umgegraben, der Same ausgesucht und sorgfältig behandelt sein ... es braucht meinen Teil. Wenn ich den aber getan habe, dann kann ich unbesorgt „in Ruhe lassen" – mich und die anderen. Und muß es sogar, will ich das Zarte, Aufkeimende nicht beim Wachsen stören ...

Ein Fest des Lebens

Eigentlich haben wir mit der Eucharistiefeier, dem Fest des Lebens, eine wunderschöne Form, unseren Glauben miteinander zu feiern. Freilich – der Zugang zu diesem Lebensfest ist häufig „verstellt": der Zwang, in die Messe gehen zu „müssen", eine Sprache, in der Frauen oft nicht vorkommen, eine Predigt, die mir keine Anregung zur Gestaltung meines eigenen Lebens gibt... kurz, es ist mitunter eine Feier, in der eigentlich nicht gefeiert wird, ein Lebensfest, in dem das Leben manchmal gar nicht vorkommt. Liturgische Formen verlieren damit ihren hinweisenden Charakter, der Ritus wird wichtiger als das, was er bezeichnet, der eigentliche Reichtum der Eucharistiefeier bleibt unerschlossen. Aus einem Geschenk wird Pflicht, aus Fest wird Zuschauen – es fehlt nur noch der Ein- und Ausschaltknopf.

Zuerst habe ich in kleinen Gruppengottesdiensten wieder neu entdeckt, daß Eucharistie feiern durchaus etwas mit Gemeinschaft (und Gemeinde) und mit meinem eigenen Leben zu tun haben kann. Plötzlich gab es Augenblicke, in denen die Trennung von Gottesdienst und Leben aufgehoben war, eines wurde das andere. Ich wurde neugierig und machte mich auf die Suche nach dem, was Eucharistiefeier eigentlich sagen will.
Nur ganz allmählich erschließt sich mir der übergroße Reichtum an Glaubensaussagen, die sich in vielen, oft übersehenen kleinen und großen Zeichen innerhalb des

formalen Ritus der Eucharistiefeier verbergen. War Gottesdienst früher oft nur Routine für mich, so ist es inzwischen ein jeweils neues „Abenteuer der Entdekkung“ in der Gewohnheit bestimmter Abläufe.

Ja, ich schätze mittlerweile den vertrauen Rahmen solcher Eucharistiefeiern. Möglicherweise hat aber auch das die Experimentierphase früherer Jahre gebraucht, in denen wir versucht haben, alles zu verändern. Heute denke ich oft, wenn ich noch nicht einmal den Reichtum verstehe, der mir durch die offizielle Form vorgegeben ist, wie will ich dann beurteilen, ob das andere, was ich ausprobieren will, eher geeignet ist, meinen Glauben zu feiern?

Dies will keine Aussage gegen Jugendgottesdienste, eine andere Form des „Vaterunsers“, eine andere Art, Gewissenserforschung zu betreiben, sein. Gerade liebgewordene Gewohnheiten müssen vielleicht ab und an einmal mit etwas Ungewohntem und Ungewöhnlichem konfrontiert werden, um in ihrem eigentlichen Wesen wieder neu erschlossen zu werden. Gefragt aber ist ein behutsamer Umgang mit vorgegebenen Gottesdienstelementen und eine Vergewisserung ihrer Aussagen, bevor ich sie als „unverständlichen Ballast“ über Bord werfe.

Sicher, es gibt oft wenig Hilfen dazu, sich diese vielen Zeichen und Symbole der Eucharistiefeier wirklich neu zu erschließen, sich aktiv daran zu beteiligen und eben nicht nur als Zuschauer in der vierzehnten Reihe dabei zu sein. Hier wäre Unterstützung wünschenswert. Eine solche Unterstützung kann aber auch gegebenenfalls entsprechend eingefordert werden – und wenn wir dies nicht tun, dann verbleiben wir in dieser passiven Zuschauerrolle, die aus der Eucharistiefeier eine „Ein-Mann-Vorstellung für zuschauendes Volk“ gemacht hat.

Ein kleines Zeichen ist mir in seiner Bedeutung in den letzten Monaten besonders bewußt geworden – und davon mag ich beispielhaft für viele andere Zeichen ein wenig erzählen.
In manchen Gemeinden ist es üblich, daß die Gläubigen, die an der Kommunion teilnehmen möchten, vor Beginn des Gottesdienstes eine Hostie in die Schale legen, die dann zur Gabenbereitung an den Altar gebracht wird. Dies geschieht aber nun weniger aus praktischen Gründen, sondern will vielmehr Zeichen dafür sein, daß ich mich bewußt in die Verfügbarkeit Gottes stelle, daß ich zum Mittun am Reiche Gottes bereit bin. Es ist meine Bereitschaftserklärung, die im Leben tagtäglich gelebt sein will, hier nun als sichtbares und wirksames Zeichen vor der Gemeinde. Eucharistie ist ja nicht nur Erinnerung an das Opfer, das Jesus Christus für die Welt und die Menschen gebracht hat, sondern ist auch zugleich Einladung zur Nachfolge. So wie Jesus Christus als Haupt der Kirche sich geopfert hat, erklären nun die sich versammelnden Christen, der Leib der Kirche, ihre Bereitschaft zum Mittun am Reich Gottes. Und das Symbol dieser Bereitschaft ist die von mir in die Schale gelegte Hostie.
Eucharistie hat etwas mit Gemeinde zu tun, damit, daß Glauben und Handeln nicht alleine machbar sind, sondern daß ich dazu andere Menschen, Mitchristen, brauche. Meine Bereitschaft bleibt keine einsame Bereitschaft – mit mir erklären auch andere: „Ja, ich will mittun!“ Gegenseitig können wir uns stützen und halten, das Miteinander ist mehr als die Summe der Einzelnen, und es gilt die Zusage: „Wo zwei oder drei in meinem Namen zusammen sind, da bin ich mitten unter ihnen“. Eucharistie ist damit mehr als nur meine persönliche „Einzelteilnahme“ – ich stelle mich bewußt in eine

Gemeinschaft hinein. Der Mensch ist angewiesen auf den Menschen, nur am Du kann ich zum Ich werden, wie Martin Buber sagt. Auch das will Eucharistie aufzeigen.

Das Ziel, das uns verbindet, ist ein Ziel, das nicht durch Einzelgänger erreicht werden kann. In einem kreativen Miteinander ist jeder mit seinen Fähigkeiten gefragt. So sammeln sich in der Schale die Hostien, die Einzelne hineingelegt haben und die dann als Gemeinsames, als gesammelte Verfügungsbereitschaft, zum Altar gebracht werden.

Herr, unser Gott,
die Gaben, die wir bereitet haben,
sind Zeichen unserer Hingabe an dich.
Darum bitten wir:
Wie Brot und Wein
in der Kraft des Geistes geheiligt werden,
so heilige auch uns selbst immer mehr
nach dem Bilde unseres Herrn Jesus Christus,
der mit dir lebt und herrscht in alle Ewigkeit,

so lautet ein mögliches Gebet des Priesters zur Gabenbereitung (Meßbuch S. 349). Damit soll zum Ausdruck gebracht werden, daß der Mensch Antwort gibt auf die Anfrage Gottes und diese Antwort zugleich in die Lebenshingabe Jesu hineingenommen wird. In der Wandlung wird dieses Opfer von Gott angenommen und für die Welt fruchtbar gemacht. Die Menschen sind in ihrem Wollen und Tun nicht nur auf den Mitmenschen angewiesen, sondern auch auf Gott. Nur mit seinem Segen wird das Werk gelingen können. Zugleich ist Gott auf uns angewiesen, ohne mein Mittun sind Gott die

Hände gebunden. Gott braucht meine und unsere Bereitschaft.
Eucharistie – das hat etwas mit Geben und Nehmen zu tun, nicht im Sinne von belohnen oder kaufen; viel entscheidender: es wird geschenkt. Ich schenke meine Bereitschaft zum Mittun, ohne einen Lohn im Hinterkopf zu haben, ohne Druck und ohne Zwang – und Gott schenkt sich, gibt sich her, ist Nahrung und Kraft für den Weg.
Durch die Wandlung werden die einzelnen Hostien zu einer Einheit, zum Leib Christi, der uns selbst zur Nahrung gegeben wird. Aus dieser Einheit heraus, dem Miteinander in Gott, können alle leben, wird dieser Leib Christi zur Wegzehrung für alle. Dies wird im Ritus der Brotbrechung deutlich. Es ist nicht mehr das, was ich als Hostie in die Schale gelegt habe – es ist mehr und anderes. Kommunion – die angenommene und von Gott zum Heil der Menschen und der Welt verwandelte Bereitschaft, wird als Nahrung für die Menschen wieder ausgeteilt.
Damit wird deutlich, daß dieses Zeichen über die fünfzig oder sechzig Minuten einer Eucharistiefeier hinausweist – das Leben ist gemeint, und Eucharistie will ja in Zeichen verdichtetes Leben sein.
Diese kleinen Zeichen erscheinen mir oft selbstverständlich, ich bin an sie gewöhnt, vermisse sie, wenn sie nicht vorkommen – und vergesse dabei doch so oft, sie auf ihre eigentliche Bedeutung auf mein Alltagsleben hin durchzubuchstabieren. Für viele ist Gottesdienst am Sonntag das Eine – Leben und Alltag das Andere. Damit aber werden wir weder Gott noch den Menschen gerecht …
Eucharistie ist Einladung zum Mittun, ist Einladung zum Fest des Lebens. Dazu bedarf es Gemeinden, in de-

nen das Leben leben kann, Priester, die nicht von einem Gottesdienst in den anderen hetzen müssen, und Christen, die dazu bereit sind, Gott in ihren Alltag hereinzuholen.

Nehmt nichts mit auf den Weg

Dir auf den Weg

mitten im Sandsturm
und doch
keine Häuser bauen

müde vom Weg
und doch
Fragen leben

murren vor Sehnsucht
und doch
Zärtlichkeit sein

mich verletzen lassen
und doch
der Lust vertrauen

meine Tode sterben
und doch
Leben riskieren

        nicht loslassen
        im nächtlichen Kampf
        am Fluß

vgl. Gen 32,23–33: Jakobs Kampf mit Gott

Lieber Torsten,

Du, Dein Brief hat mich ganz arg überrascht und gefreut! Hab vielen Dank dafür! Es ist lange her, daß Du mir das letztemal geschrieben hast – schade eigentlich, denn Du schreibst gute, schöne Briefe.
Und eigentlich bin ich da schon mittendrin in der Antwort auf die Frage, die Du als P.S. noch unter Deine Zeilen gesetzt hast. Du willst meine Meinung dazu wissen, ob Du Dich in den Jahren, seitdem Du nun als Pfarrer in der Gemeinde tätig bist, verändert hast und wie ich das erlebe.
Ja, ich denke, daß Du Dich verändert hast, daß die Gemeinderealität Dich geprägt hat, und ich mag Dir meinen persönlichen Eindruck dazu schon auch gerne sagen.
Was ich gut finde, ist, daß Du danach fragst, daß Dir meine Antwort auf Deine Frage wichtig ist. Es ist für mich ein Zeichen dafür, daß Du suchst, unterwegs und offen bist. Mir sind die Menschen immer ein bißchen unheimlich, die auf alles eine Antwort wissen. Ob sie wohl noch offen sind für die Vielfalt der Welt, die sich eben oft so schwer in eine Antwort fassen läßt?
Jemand, der offen bleibt für das, was alles menschenmöglich ist, nicht gleich mit Bewertungen oder Urteilen bei der Hand ist, der noch staunen und sich überraschen lassen kann, der ist lebendig. Und ich glaube, daß die Zusage des „Lebens in Fülle“ weniger ein passives Ge-

schehen ist, das an mir passiert, als vielmehr etwas höchst Aktives, das aus mir heraus kommen muß.
Und Du? Lebst Du in Fülle? Fühlst Du Dich noch lebendig?
Vielleicht erinnerst Du Dich an unseren letzten gemeinsamen Abend? Da wirktest Du auf mich sehr müde und resigniert – und das hab ich Dir ja dann auch gesagt. Und da hast Du leise geantwortet, „Nein, glücklich bin ich nicht ...“ Aber das ist, glaube ich, auch gar nicht das Ziel. Bist Du zufrieden – im Frieden mit Dir und Gott und den Menschen um Dich herum?
Ich habe Angst um Dich, wenn ich das so schreibe – mir kommen viele kleine Aussagen, Einschätzungen von Dir in den Sinn, die mir neu sind, wo ich Veränderungen an Dir wahrnehme – aber eben nicht Veränderungen hin zu einem Leben in mehr Fülle, sondern zu einem Leben in mehr Armut im Sinne des „geistigen Verarmens“. Laß es mich erklären, vielleicht kannst Du dann verstehen, warum mir eine solche Entwicklung, die ich an Dir wahrzunehmen meine, Angst macht. Und Du kannst ja dann in aller Ruhe für Dich selbst entscheiden, was davon tatsächlich auf Dich und Deine Situation zutrifft.
Ich habe z. B. den Eindruck, daß Du keine Träume mehr hast – erinnerst Du Dich noch an die Abende, damals, als Du studiert hast, und wir lange Gespräche über neue Formen christlicher Lebensgemeinschaften geführt haben? Heute lebst Du allein in einem riesengroßen Pfarrhaus, und Du wirkst auf mich ein wenig wie eine Schnecke, die sich bei der leisesten Berührung zurückzieht. Wovon träumst Du heute? Oder bist Du nur noch krampfhaft darum bemüht, das Überleben für den nächsten Tag zu organisieren?
Die Anforderungen, die das Priester-Sein an Dich stellt, sind groß und vielfältig, das weiß ich – und dazu dum-

merweise oft genug auch noch in sich widersprüchlich. Aber ich erlebe es so, daß Du Dich verzweifelt bemühst, allen und allem gerecht werden zu wollen, von einem Termin zum anderen springst, am Sonntag drei Gottesdienste und noch zwei Taufen hältst, und meinst, für alles zuständig zu sein und alles tun zu müssen. Es mag sich hart anhören: aber Du bist so sehr damit beschäftigt, all die kleinen Schritte zu gehen, daß Du von den großen Schritten schon gar nicht mehr träumst. Mein Eindruck ist, daß Du zu *nahe* dran bist an dem Ganzen, keine Distanz, damit keinen Überblick mehr hast ...
„Die anderen machen mir das nicht gut genug", hast Du kürzlich mal gesagt, „da mach ich es lieber gleich selbst ..." Sicher, das ist schon eine Einstellung – aber damit gibst Du den anderen auch keine Chance zu lernen, wie sie es besser machen können. Und Du gibst Dir selbst keine Chance, die Charismen, die Fähigkeiten und Möglichkeiten anderer entdecken zu können. Du bist für die Gemeinde da, richtig – aber das ist keine einseitige Beziehung. Ist die Gemeinde auch für Dich da? Und zwar über die Tatsache hinaus, daß sie Dir das Gefühl vermittelt, daß Du gebraucht wirst? Mir fällt der Morgen ein, an dem wir beide bei Dir im Wohnzimmer die Laudes gebetet haben – und in der Küche stand die Putzfrau und hat das Geschirr gespült. Du, da konnt ich fast nicht mehr mitbeten. Ich hätte mir gewünscht, daß wir die Frau hereinholen, miteinander vielleicht das Tagesevangelium lesen und überlegen, was bedeutet das jeweils für unseren heutigen Tag – und anschließend zu dritt das Geschirr gespült hätten.
Mir ist schon klar, daß Du Deine speziellen Fähigkeiten hast und die Frau, die Dir das Mittagessen kocht, andere Fähigkeiten besitzt – sie müssen jeweils ihren Platz haben. Diese Frau könnte Dir sicher nicht die neuesten

theologischen Erkenntnisse vermitteln – aber die brauchst Du ja auch nicht, die hast Du ja schon. Aber sie könnte Dir sagen, was der Glaube für ihr alltägliches Leben bedeutet – und da, glaube ich, könntest *Du* wiederum etwas lernen. In einem solchen Sinne könnte Gemeinde Dich wiederum bereichern, reich machen.
Weißt Du, manchmal habe ich das Gefühl, Du hast nur noch Deine Gemeinde, mit der Du Dich identifizieren kannst – und mußt all Deine Selbstbestätigung nun wiederum aus der Gemeinde ziehen. Die Einstellung vieler Gemeindemitglieder mag das fördern – manche stellen Dich gerne auf diesen Sockel. Und da stehst Du nun, mußt aufpassen, daß Du nicht herunterpurzelst, und bist ganz schön einsam auf diesem Podest, mit der ganzen Last der Verantwortung auf Deinen Schultern.
Die Frohe Botschaft ist aber nicht nur etwas, was Du den anderen verkünden sollst – sie gilt Dir ganz genauso. Ich empfinde es als ziemlichen Widerspruch, wenn Du selbst in einer solch, ja, fast möchte ich sagen, unmenschlichen Weise lebst – und die Menschen in Deiner Gemeinde zu etwas ganz anderem aufforderst.
Ja, ich merke es selbst, ich habe mich ziemlich in Rage geschrieben – aber es macht mich auch zutiefst betroffen, wenn ich Deine Situation so wahrnehme. Du als Mensch bist mir wichtig – und ich habe Angst um Dich. Deswegen habe ich manches so deutlich gesagt.
Ich sehe jetzt Dein fragendes Gesicht vor mir. Was Du tun sollst? Du mußt *Deine* eigene Antwort finden, das kann ich Dir nicht abnehmen. *Meine* Antwort heißt: Leben! Was das heißt? Du darfst Dich und Deine Bedürfnisse ernst nehmen, weil Gott Dich ernst nimmt. Das heißt, Abschied von der Illusion zu nehmen, Du könntest allen Erwartungen gerecht werden. Es bedeutet, „nein“ sagen zu lernen – auch auf die Gefahr hin, daß

Dich manche dann nicht mehr ganz so lieb und nett finden. Damit könntest Du vielleicht die nötige Distanz bekommen (wie lebst Du *Deinen* Sabbat?), um die kleinen Schritte wieder auf ein großes Ziel hin ausrichten zu können. Und: genieße das Leben, mit allen Sinnen. Konstantin Wecker sagt in einem seiner Lieder: „Wer nicht genießt, wird ungenießbar!" – geh mal wieder ins Kino, lies mal ein Buch nicht nur im Hinblick auf die nächste Sonntagspredigt, zeichne mal wieder, mach Musik, geh schwimmen oder in die Sauna …

Wahrscheinlich erklärst Du mich jetzt für verrückt, aber ich bin wirklich der Meinung, daß man als Mensch – und auch ein Priester ist in erster Linie ein Mensch – für so etwas Zeit haben darf und sogar haben sollte.

In dem Sinn waren meine Gedanken gerade eben nicht als billige Rezepte gemeint, oder als Ratschläge von jemandem, der es besser wüßte oder könnte, da hättest Du mich falsch verstanden. Als „Anstiftungen zum Leben" mag ich sie allerdings schon gerne verstanden wissen – so wie überhaupt diesen ganzen Brief.

Und ich maße es mir tatsächlich an, Dir all das so „gefühlig", so einseitig und subjektiv zuzumuten. Deine Gegenargumente zu diesem Brief brauch ich Dir nicht zu liefern, die weißt Du selbst am besten. Verobjektiviert, verwissenschaftlicht, erklärt, entschuldigt, verdrängt und was weiß ich noch alles, wird vieles, wahrscheinlich zu vieles.

Gerade deshalb laß ich diesen Brief an Dich so stehen. Ich spüre in mir viel Betroffenheit und Traurigkeit, Wut und Zärtlichkeit, Angst und Hoffnungslosigkeit – aber auch Zuversicht und Vertrauen in das Leben.

Ich bete darum, daß unser Gott, der ein lebensstiftender Gott ist, mit Dir und mit unserer Kirche sein möge …

Mit nachdenklichem Gruß

Spannend

In dem Land
das mir gegeben ist

keine Hütten bauen
und Türen abschließen

den Menschen suchen
um Gott zu finden

„Laßt sie nicht allein!“

Es war Ende Oktober. Besuch hatte sich bei mir angesagt – ein Freund, der Priester ist und den ich alle Vierteljahre einmal sehe. Wir fuhren zu einem kleinen Ort in der Nähe, um dort Kaffee zu trinken, und erzählten uns dabei, was inzwischen so alles geschehen war, bei ihm und bei mir ...
Gegenüber des Cafés steht eine schöne, barocke Kirche – und bevor wir wieder aufbrachen, gingen wir noch auf einen Sprung hinein. Der linke Seiteneingang war offen, und wir kamen in einen hellen, lichtüberfluteten Raum. Mein Blick ging zum Altarraum – und so wie ich stand, ergab sich aus dieser Perspektive ein sonderbares Bild: An der früheren Kommunionbank hing das Plakat des Weltmissionssonntages, Kinder hinter einem Stacheldrahtzaun, und in das Plakat eingedruckt der Satz „Laß sie nicht allein!“. Direkt dahinter der große Altar, leer, abgeräumt – umgeben von all dem Schmuck, von Engeln und Kerzen, Bildern und Verzierungen ... und vor mir sehe ich plötzlich hinter dem Altar einen zelebrierenden Priester und lese den Satz „laß sie nicht allein!“.
Wir gingen näher – zwischen den beiden früheren Kommunionbänken hing ein dünnes Kettchen mit einem roten Bändchen in der Mitte und einem Schild: „Kein Zutritt – Alarmanlage!“
Ich war seltsam berührt. Diese beiden Bilder drückten auf ihre Weise eine Wahrheit aus, wie ich sie nicht hätte

in Worte fassen können. Und sie lassen mich nicht mehr los ...

„Kein Zutritt – Alarmanlage!“, eine dünne, fast nicht sichtbare Kette, verziert mit 40 cm Geschenkbändchen und doch „kein Zutritt“. Der Altarraum bleibt versperrt ... nicht nur den Frauen.

Noch immer umgibt diesen Altarraum etwas, was sich dem „begreifen“ entzieht, da ist etwas „Numinoses“, eine zugleich Vertrauen und Schauer erweckende Macht, wie der Duden dieses Wort erklärt.

In dieser Kirche waren es wertvolle Kunstgegenstände, die mit solch einer Alarmanlage geschützt werden sollen. Manchmal aber frage ich mich, ob wir nicht auch den Priester, der sich in diesem Raum so scheinbar selbstverständlich bewegt, als einen solch zu schützenden „Kunstgegenstand“ betrachten. „Zutritt verboten – bewundern erwünscht – anfassen und begreifen nicht erlaubt!“. Einen Priester „hat“ man (oder man „hat“ eben keinen „eigenen“ mehr), man ist ein bißchen stolz auf ihn und versteht zugleich eigentlich nicht so recht, wie ein Mann so leben kann. Das alles hilft dazu, das Quentchen Distanz aufrecht zu erhalten, das man braucht, um bewundern zu können. Und so wird aus einem jungen Mann plötzlich ein „junger Herr“ und der „Herr Pfarrer“ hat eine Funktion, aber keinen Namen mehr.

Welches Bedürfnis, welches Sehnen mögen wir damit in uns stillen? Ein regressives „Sich-in-die-Kindheit-Zurückversetzen“, in eine Welt, in der Gott und Glaube so einfach waren, wie wir es uns heute manchmal wünschen? Oder ist es eine Sehnsucht nach einem Stück „heiler Welt“, nach etwas, das „heil“ ist, während ich um mich herum soviel „Unheiles“ erlebe? Ist es der Wunsch nach etwas, das bleibt, wenn alles in Bewegung

geraten ist? Oder ist es dieses Numinose, das uns vertrauen und doch zugleich erschauern läßt?
Ein Priester scheint mir manchmal so eine Art „Denkmal“ zu sein ... schön auf einem Sockel postiert, man muß leicht den Kopf in den Nacken legen, wenn man da hochschauen will. Und entsprechend gehen wir mit unseren Priestern und oft auch schon mit den Priesteramtskandidaten um: ein bißchen behutsamer als es sonst unsere Art ist, ein bißchen distanzierter als wir sonst sind. Noch immer ist das Wort des „Herrn Pfarrer“ gewichtiger als andere Worte, noch immer trägt er ein bißchen mehr Verantwortung für das Ganze, noch immer ist er der Zuständige in Sache Glauben und Religion. Die dünne Kette zwischen Altar- und sonstigem Kirchenraum wird oft von uns als Gemeinde dort hingehängt ...
Wie mag ein Priester, in diesem Altarraum alleine gelassen, sich wohl fühlen? Als Prestigeobjekt, das man „hat“ und vorzeigen will, als Entertainer, der für den religiösen Bereich zuständig ist und gut unterhalten soll ohne zu fordern, als Serviceunternehmen mit möglichst viel Feierlichkeit, als jemand, der die Sehnsucht des Menschen nach dem „Heiligen“ stillen soll ...
Ich ahne etwas von der Einsamkeit, in der Priester leben, und sehe das Plakat vor mir mit dem Stacheldrahtzaun und dem Satz „laß sie nicht allein!“.
Priester sind Menschen wie andere auch und mögen sich danach sehnen, als solcher Mensch verstanden und begriffen zu werden. Sie haben eine besondere Funktion – aber wollen nicht auf diese Funktion reduziert werden. Priester haben Hände und Füße, Träume und Ängste, Hoffnungen und Probleme, gelegentlich haben sie Hunger, und manche trinken gerne einmal ein Glas Wein. Es gibt Priester, die wandern gerne, andere spie-

len Fußball, es gibt Morgenmuffel und Nachtmenschen unter ihnen – und eigentlich ist bei ihnen alles ganz genauso wie bei jedem anderen Menschen auch.
Priester sind Menschen, die Theologie studiert haben, aber die deswegen noch keine Experten im Glauben sind. Priester sind Gemeindeleiter, aber nicht allein zuständig für das „Funktionieren" einer Gemeinde. Priester vertreten kein Dienstleistungsunternehmen, das man mit dem Bezahlen der Kirchensteuer bereits finanziert hat, und tragen auch nicht bereits zu Lebzeiten einen Heiligenschein.
Es mag manche Priester geben, denen solche Erwartungen einer Gemeinde ihnen gegenüber nicht unsympathisch sind, die ganz gerne auf solch einem Sockel stehen, die gerne die Alleinverantwortung übernehmen. Möglicherweise sind sie noch einsamer als die anderen, die zugeben, darunter zu leiden ... Die Mehrzahl der Priester, die ich kenne, leidet darunter – wenn sie in ihrem stressigen Alltag einmal eine ruhige Minute finden, darüber nachzudenken, was sie so unzufrieden macht, warum sie möglicherweise in solch einer Arbeit zwar ausgefüllt, aber nicht erfüllt sind ...
Der Weg nach Emmaus ist kein Weg, der für Priester oder Laien reserviert ist. Miteinander sind wir auf dem Weg, immer wieder neu die Hoffnung zu suchen. Miteinander sind wir auf diesem Weg, um uns dabei auszutauschen über das, was uns beschäftigt, was wir erlebt haben, was uns enttäuscht hat.
Unsere Ängste und Visionen verbinden uns – wenn wir den Mut haben, uns gegenseitig davon zu erzählen. Priester sind dabei Menschen, die ein besonderes Amt, eine besondere Fähigkeit haben – so wie jeder Laie, der sich auf diesen Weg begibt, seine besondere Fähigkeit hat, die einzubringen er oder sie aufgerufen ist.

Dazu aber müssen wir Laien den Priester von seinem Sockel herunterlassen, sind wir dazu aufgerufen, ihn nicht alleine zu lassen oder ihm gar die Aufgabe zuzuweisen, vor uns her zu gehen. Den Priester als Menschen wahrzunehmen und ihm so zu begegnen, das ist unsere Aufgabe – Aufgabe der Priester ist es, ein solches Mensch-sein zuzulassen, sich nicht auf ihr Amt zurückzuziehen, es nicht als Legitimation und Identitätsbeweis zu mißbrauchen, keine Zeit mehr für Begegnung haben. Es braucht Menschen, die Lust daran haben, sich auf den Weg zu machen, Gott und dem Menschen immer wieder neu zu begegnen.
Dann aber wird sich Gott, sichtbar oder unsichtbar, auf diesem Weg dazugesellen. *Er* läßt uns nicht allein.

Gib mir Wasser des Lebens

Gott,
du hast Wasser des Lebens.

Gib mir davon zu trinken,
damit die Wüsten in mir grün werden.
Gib mir davon zu trinken,
damit das Harte in mir weich wird,
damit Liebe wachsen kann,
die Hoffnung nie versiegt,
der Glaube nicht austrocknet.

Gott,
gib mir das Wasser des Lebens
und laß es in mir
zur sprudelnden Quelle werden,
zur Quelle, die nie versiegt.

Und mach mir Mut,
Gott,
dieses Wasser des Lebens an andere weiterzugeben,
es nicht in mir einzusperren,
Dämme und Mauern darum zu bauen,
sondern es auszugießen,
mit anderen zu teilen.

Gib du mir
das Wasser des Lebens.

„Werdet Vorübergehende!"

Lange Zeit habe ich mich mit manchen scharfen Worten Jesu schwer getan. „Laßt die Toten die Toten begraben!" (Lk 9,60), „Nehmt nichts mit auf den Weg ..." (Lk 9,3) oder auch „Wer sein Leben retten will, der wird es verlieren ..." (Mt 16,25a) – das waren Worte, die mir fremd blieben und mich erschreckten, weil sie in mein eher harmonisch bestimmtes Bild von Jesus nicht paßten. Sie brachten Unruhe in meine Sehnsucht nach Sicherheit und Geborgenheit.
In den letzten Jahren aber gab es für mich einen neuen Zugang zu diesen mir bisher so fremd gebliebenen Jesusworten. Zum einen traf mich das Wort des apokryphen Thomas-Evangeliums „Werdet Vorübergehende!" (Logion 42) – zum anderen sah ich mich durch meine Arbeit in der beruflichen Begleitung von Priestern neu herausgefordert, mich mit meinem Verständnis von Zölibat auseinanderzusetzen. Die so oft erlebte eher formale Reduzierung und Negativbeschreibung des Zölibatsgedankens auf „Nicht-Sexualität" und Ehelosigkeit war mir nicht ausreichend – und so suchte ich nach der inhaltlichen Idee, die dieser Lebensform eigentlich zugrunde liegen könnte.
Beides zusammen ergab auf einmal einen Sinn. „Werdet Vorübergehende!" ist eine Antwort, die ich für mich auf die Frage nach dem Zölibat gefunden habe. Zölibat – das ist Symbol der Vorläufigkeit und die gelebte Bereitschaft, verfügbar zu sein für den Ruf Gottes, ist Zeichen

für die Freundschaft Gottes mit den Menschen, um in dieser Freiheit auf Menschen zugehen zu können, mit ihnen zu leben, sie auf ihrem Weg ein Stück zu begleiten – und dabei doch „Vorübergehender" zu bleiben. Der Intensität und Nähe der Begegnung, dem „sich einlassen" auf den anderen Menschen, folgt auch wieder der Aufbruch, das Loslassen. Nichts darf mir so wichtig werden, daß ich darüber den Ruf Gottes in mein Leben überhöre, nichts darf mich so sehr besitzen, daß es mich am Aufbruch hindert. Dieser Gott des Lebens will mich ganz.

Zölibat will damit mehr und anderes als nur eine formale „Ehelosigkeit" und meint deshalb nicht Priester allein. Elemente von zölibatärem Leben gibt es in jedem Leben. In einem solchen Sinne können auch Verheiratete zölibatär leben, indem sie offen bleiben für die Dynamik eines lebendigen Gottes, dafür, im rechten Moment jeweils das zu tun, was gerade nun seine Zeit hat. Und Priester können das Zölibat brechen, ohne ein formales Gesetz zu verletzen, wenn sie sich nur noch in ihr Pfarrhaus und auf ihr Amt zurückziehen, wenn sie sich mit der Dynamik des Lebens nicht mehr konfrontieren lassen oder nicht mehr bereit sind, auf den Ruf Gottes hin neu den Aufbruch zu wagen.

Damit wird meine persönliche Lebensgestaltung berührt – so wie die evangelischen Räte von „Armut, ‚Ehelosigkeit' und Gehorsam" nicht nur Anweisungen sein wollen für Christen „erster Klasse". Die „Lebensideen" dieser Räte, die sich aus dem Evangelium ableiten lassen, sind Anfragen an mich und mein Leben. Diese Anfrage Gottes bedarf einer Antwort – meiner Antwort.

Zölibat könnte heißen: „Lebendig dem Leben dienen" – und damit hätte all das keinen Platz in einer solchen Lebenskonzeption, was sich diesem Leben und seinen

Herausforderungen nicht stellt. Meine Lebenskraft dieser Kraft des Lebens ganzheitlich zur Verfügung zu stellen ... mag sein, daß das Zölibat meint.
Zölibat heißt dabei jedenfalls nicht, beziehungslos zu leben, sondern will vielmehr gerade dazu auffordern, in den jeweiligen Begegnungen mit den Menschen ganz da zu sein und sich von diesen Menschen auch berühren und betreffen zu lassen.
Vielleicht kann eine Abgrenzung hilfreich sein: Das Gegenteil zu dem „Vorübergehenden" wäre der „Vorbeieilende". Der „Vorübergehende" kehrt ein und bleibt vorübergehend, er geht mit und begleitet – der „Vorbeieilende" aber läßt sich auf keine Beziehung ein, sondern eilt weiter zum nächsten Termin, zum nächsten Treffen, er verschanzt sich hinter Verwaltungsakten und Tagesordnungen. Um ihn ist eine Mauer, er läßt sich nicht berühren und begreifen, weil er bereits schon wieder an einem anderen Ort ist.
Zölibat will ja gerade eben dazu freimachen, Begegnung und Beziehung zu den Menschen zu leben. Allerdings ist ein anderer Umgang mit Beziehungen damit gemeint. Ich bin aufgefordert, in der Beziehung „Vorübergehender" zu bleiben, mich nicht über die scheinbare Sicherheit der Beziehung zu definieren. Das schließt herzliche Einkehr nicht aus – bezieht aber andererseits den Aufbruch mit ein.
Jesus von Nazareth war solch ein zölibatär lebender Mensch. Er begegnete den Menschen in ihrer jeweiligen Lebenssituation, er ließ sich die Füße salben und umarmte Kinder, er war bei den „Zu-kurz-Gekommenen" zu Gast und heilte Kranke, er befreite die Menschen aus ihren selbsterbauten Gefängnissen, wenn er vom Vater, vom Himmelreich und vom Leben erzählte – und er rief Tote zum Leben. Er wartete nicht darauf, daß die Men-

schen zu ihm kamen, ihn um einen Gesprächstermin baten – er ging zu den Menschen hin. Freunde und Freundinnen begleiteten ihn auf diesem Weg, der aber immer vorrangig vom Willen Gottes bestimmt war. Um diesen Willen zu erkennen, suchte Jesus immer wieder auch die Einsamkeit, und entzog sich damit zeitweilig den Menschen – auch dies gehört durchaus zu einem zölibatären Leben. Jesus läßt nicht zu, daß sich die Menschen von ihm abhängig machen, er will keine Fans und Bewunderer, er läßt sich nicht anbeten – er sucht Begegnung und Beziehung. Immer wieder verweist Jesus auf Gott und auf das nahe Kommen seines Reiches, und macht damit auf die Vorläufigkeit des Lebens aufmerksam.

In diesem Sinne Nachfolge Jesu anzutreten, das ist ein hoher Anspruch an mich – und ich gebe zu, oft genug fällt es mir ganz schön schwer. Da spüre ich die Versuchung in mir, endlich einmal etwas zu haben, was ich festhalten kann, oder auch in Ruhe „sein" zu können. Es ist die Versuchung, mich gegen das Leben und seine Dynamik zu entscheiden und für den Tod. Es sind Stunden, in denen ich mich nach Ruhe und Geborgenheit sehne, nach Angekommen-Sein und Dauer, in denen ich Sicherheit und Beständigkeit suche. Und doch ahne ich darum, daß eben dies nicht das Leben ist. Leben ist Vorübergang, ist Wandel und Wechsel, ist Rhythmus der Zeiten und Abschied, Aufbruch und Ankommen. Offenheit ist gefragt, Intensität, die Bereitschaft, mich von Gott berühren und mitnehmen zu lassen auf einen lebenslangen Exodus. Das aber ist nur dann möglich, wenn ich eine andere Heimat habe – wenn ich in Gott verwurzelt bin, wenn er mir Halt in der Bewegung ist. Und nur so ist auch verständlich, warum Jesus seine Jünger auf den Weg schickt mit der ausdrücklichen Weisung: „Geht! Ich sende euch wie Schafe mitten unter die Wölfe. Nehmt keinen Geldbeutel mit, keine Vorratstasche und keine Schuhe! Grüßt niemand unterwegs!" (Lk 10,3–4). Für mich heißt das: Ich darf mein Losgehen nicht davon abhängig machen, daß ich irgendetwas noch vorbereiten oder zum Mitnehmen richten muß. Jetzt ist der Zeitpunkt gekommen – Gott allein ist mein Halt. Meine Person, mein Mensch-Sein ist ausschlaggebend, technische Hilfsmittel oder irgendwelche Papiere sind weniger gefragt. All das, was ich im Sinne einer solchen „Unterstützung" mitnehme, könnte eventuell seine eigene Dynamik entwickeln und mich damit von der Begegnung mit den Menschen ablenken. Ich allein zähle in dieser Begegnung – begleitet von Gott.

Dies gilt aber nicht nur individuell für uns als einzelne Christen, sondern auch für die Kirche als Ganzes. So wie die Israeliten als Volk zum Exodus gerufen war, so versteht sich auch Kirche heute als „wanderndes Gottesvolk". Auf diesem Weg brauchen wir uns nicht abzusichern, wenn wir auf Gott vertrauen – und können uns deshalb z. B. auch auf die offene Begegnung mit anderen Religionsgemeinschaften oder mit Nicht-Christen einlassen. Das Zölibat der Kirche könnte durchaus heißen, in mutiger Auseinandersetzung mit Gesellschaft und Politik zu sein, Begegnung herbeizuführen, sich vor Wandel und Wechsel nicht zu fürchten – und doch auch wieder loszulassen, wenn der eigene Weg ein anderer wird.

Gefragt ist jedenfalls nicht, daß wir in unseren Gotteshäusern sitzenbleiben.

mensch Gottes

als vorübergehender in
offene türen nicht
eintreten zärtlichkeit
als vorläufigen halt
den wunsch nach
ruhe als tod entlarven
der sehnsucht
keine ruhe lassen sich
nicht einrichten sein
herz an nichts und
alles hängen immer
wieder bereit aufbrechen
zu lassen
        bleiben ist nur
        rasten kräfte sammeln
        für den nächsten
        schritt der weiter führt
        weg
vorübergehender

Zwischen Zorn und Zärtlichkeit

Der Traum von einem anderen Land

Tränen versickern
im Wüstensand

noch einmal
vierzig Jahre

Manna für den Grashalm
der eines Tages blüht

„Mutter" Kirche

Manchmal bin ich stocksauer auf unsere Kirche... dann, wenn ich wieder einmal erlebe, wie Finanz- und Kirchenrechtsfragen die Pastoral bestimmen, wenn ich das Ordinariat als gut funktionierende Verwaltungsbehörde erlebe (nichts gegen gut funktionierende Verwaltungsbehörden, aber ...), wenn ich mir die Vielzahl von Gremien und die Stapel von Papier anschaue, mit denen wir uns gegenseitig beschäftigen. Ich werde traurig, wenn ich in dieser Kirche so oft vergeblich nach dem Geist des Lebens suche, wenn Konflikte unter der Harmoniedecke mit einem netten Lächeln zugedeckt werden, wenn ich wiederverheirateten Geschiedenen zuhöre, die von ihren Erfahrungen mit Kirche erzählen. Hoffnungslos werde ich, wenn mir ein Priesteramtskandidat sagt, das mit dem Zölibat, das sei für ihn kein Problem, da vertraue er einfach auf den lieben Gott, wenn mir ein Priester von seiner Freundin und seiner Beziehung zu ihr erzählt und keine Perspektive mehr in seinem Leben sieht, wenn ich Menschen begegne, die so eingeschüchtert sind durch ein Gottesbild von Geboten und Gesetzen, daß sie sich nicht mehr zu leben trauen. Und zornig werde ich, wenn ich an die Situation von uns Frauen in unserer Kirche denke oder an die Art und Weise, wie eben hier mit Menschen manchmal umgegangen wird.

Ich habe mich in dieser Kirche engagiert, ich habe versucht, meine Wut, meinen Ärger, meine Traurigkeit zum

Ausdruck zu bringen, ich habe mich distanziert, habe Nischen gesucht, in denen ein Überleben möglich ist. Und ich denke, so manche Narbe erzählt von diesen Auseinandersetzungen – es mag wohl noch die eine oder andere offene Wunde geben.
Diese Kirche ist oft unbequem und lästig für mich – das aber beruht vielleicht auch auf Gegenseitigkeit, indem ich manches Mal für diese Kirche unbequem bin. Und doch bindet mich ein unsichtbares Band an diese Kirche – ich komme nicht los und will vielleicht auch gar nicht loskommen. Noch immer regen mich manche offiziellen Aussagen auf, ärgert mich das sanfte „Moralin", bringen mich Laien zur Weißglut, die vor Ehrfurcht erstarren, wenn der Bischof mit Mitra und Stab in die Kirche einzieht, oder anders und Anderes sprechen, sobald der „Herr Pfarrer" dabei ist.
Aber ... ich komme nicht los. Diese Kirche, römisch-katholisch, ist mir trotz meines Leidens an ihr wichtig und wertvoll – und vielleicht ärgere ich mich gerade deshalb über so vieles, was hier passiert.
Ich bin davon überzeugt, daß die christliche Botschaft etwas zu sagen hat, heute, hier, in dieser Welt. Und Kirche könnte eine Chance sein, Menschen, die versuchen, diese Botschaft zu leben, miteinander zu verbünden unter dem Motto „Du aber stärke deine Brüder und Schwestern". Oft allerdings erlebe ich Kirche eher als „lebensblockierend", als Institution mit Geboten und Regeln, mit nicht kontrollierbaren Hierarchien und mit einzuhaltenden Dienstwegen. Und ich erfahre eine Kirche, die nicht selten von Angst und Furcht besetzt ist, statt kraftvoll die Menschen zum Leben anzustiften, ihnen Mut zu machen, sich ihrer Lebensrealität zu stellen und überall dort, wo Leben zerstört, verhindert oder verkürzt wird, die Stimme laut zu erheben und sich auf die

Seite derer zu stellen, deren Stimme nicht zählt oder nicht gehört wird.
Und – um das deutlich zu sagen, ich meine an dieser Stelle nicht nur eine „offizielle Amtskirche“, auf die viele ein solches Bild projizieren – ich meine auch all diejenigen Christen und Christinnen, die gebotshörig sind statt die Auseinandersetzung mit dem eigenen Gewissen auf sich zu nehmen, alle diejenigen, die heute auf ihre Weise Hexenjagd betreiben, indem sie in gut und böse, richtig und falsch einteilen oder, vielleicht noch gefährlicher, immer wissen, was für den anderen gut ist.
Mag sein, daß mein „Exodus-Gott“ meine Vorstellungen von Kirche prägt – mag sein, daß ich solch eine „Exodus-Kirche“ will, die sich ihrer eigenen Vorläufigkeit als Institution auch bewußt ist, sie lebt, und nicht nur verbal beteuert. Ich will eine lebendige Kirche, eine Kirche, die das Leben will – und die ständig zum Aufbruch bereit ist. „Lebendigkeit“ von Kirche wird aber oft nur an der Zahl derer gemessen, die neu ins Priesterseminar eintreten, an der Zahl der Gottesdienstbesucher oder gar am Kollektenergebnis. Ich will nicht ungerecht sein: mir ist schon klar, daß immer dort, wo Menschen in Gruppen zusammenleben, gewisse Regeln und „Verwaltungsformen“ entstehen müssen – auch Jesus hat bei seinen Jüngern einen gehabt, der für die Reisekasse zuständig war. Auf die Prioritäten mag es ankommen ...

Nachdenklich halte ich beim Schreiben inne – solche Anfragen mögen auf einer objektiven Ebene berechtigt sein, das allein ist es aber wohl nicht. Es scheint mehr mitzuspielen ...
Und so komme ich ins Nachdenken, was dieses „mehr“ wohl in meiner Beziehung zur Kirche sein mag – ohne

dabei etwas von dem vorher Gesagten zurücknehmen zu wollen.

Ein erster Gedanke: Wenn ich sage „ich und die Kirche“ ist es eine Distanzierung von dieser Kirche, die für mich so nicht stimmt. Ich empfinde mich als Teil dieser Kirche und bin ihr dankbar. Ohne sie wäre ich nicht die, die ich heute bin. Die Arbeit im Jugendverband hat mich dazu gezwungen, mir eine Meinung zu bilden, Position zu beziehen – und sie auch noch entsprechend zu vertreten. An Widerständen bin ich gewachsen, habe gelernt, Konflikte nicht nur negativ zu betrachten. Um in dieser Kirche als Frau zu bestehen, braucht es Phantasie, Kraft und Mut – ich habe gelernt, auf mich zu schauen *und* auf die anderen, habe mich mit Theologie, Pädagogik, Psychologie, Soziologie, mit Priesterausbildung, Öffentlichkeitsarbeit, Interessenvertretung, Gottesdienstgestaltung, der Frauen„frage“, den Themen Arbeitslosigkeit, Frieden und Umweltschutz und was weiß ich noch allem auseinandergesetzt. Und – ich bin geprägt worden durch die Menschen, denen ich in diesen Jahren in und durch Kirche begegnet bin, die mir Freund geworden sind und/oder mit denen ich mich inhaltlich auseinandersetzen mußte. Ohne die Kirche säße ich heute vielleicht noch in dem großen Chemieunternehmen, in dem ich meine Ausbildung machte, und würde montags bis freitags irgendwelche Farbstoffe nach Übersee verkaufen.
Ohne Kirche, ohne die Begegnung mit glaubwürdigen Menschen, vor allem auch manchen Priestern, wäre ich heute gott-los, hätte den Entwicklungsschritt nicht geschafft, mir meinen Glauben neu anzueignen, mich mit meinem Gott auseinanderzusetzen.
Ohne Kirche wäre mein Leben sicher bequemer verlau-

fen – aber wohl auch weniger intensiv, sowohl was die schönen, aber auch was die traurigen Momente angeht.
Vieles, was ich heute bin, bin ich durch und wegen Kirche geworden ... im Entdecken von Heimat und in der Auseinandersetzung, im mich wiederfinden und mich abgrenzen ...
Heimat – auch das mag solch ein Wort sein, das meine Beziehung zur Kirche kennzeichnet. Oft fühle ich mich in einem Gottesdienst einfach daheim – so vertraut ist das alles. Ich erinnere mich an eine Messe an einem Pfingstsonntag in einer kleinen Kirche in den Cevennen ... weil ich kein Französisch spreche, habe ich so gut wie kein Wort verstanden, aber ich spürte um Sinn und Inhalt. Mitten in Frankreich, in dieser kleinen Kirche, war ich plötzlich „zuhause".
Viele intensive Erfahrungen mit mir und mit anderen und auch mit meinem Gott verdanke ich dieser Kirche – und in solchen Erfahrungen erlebe ich den Geist, der lebendig macht. Da erkenne ich, was Kirche *eigentlich* sein könnte. Vielleicht läßt mich auch das manchesmal Kirche stärker „erleiden", dieses Auseinanderklaffen von Wirklichkeit und Möglichkeit ...
Es sieht so aus, als ob ich dabei bliebe – mit all meinen Anfragen, mit all meiner Kritik, mit all meinem Zorn und meiner Traurigkeit – und auch mit einem gewissen zärtlichen Gefühl. Darin weiß ich mich vielen Freunden verbunden. Ich ahne aber darum, daß es eine Schmerzgrenze gibt, die nicht mehr überschreitbar ist, auch wenn ich heute nicht genau sagen kann, wo dieser Punkt liegt. Ich hoffe nur, daß eine solche Überschreitung nicht damit verbunden wäre, daß ich Gott losließe ...

„Gott hat nicht nur starke Söhne“

… so hieß das Motto der Jugendsammlung 1986 in der Erzdiözese Freiburg nach einem Buchtitel von Catharina Halkes. Zurückgefragt, ob für mich die Betonung eher auf ‚stark‘ oder auf ‚Sohn‘ liege, antwortete ich „auf beidem“ – Gott hat nicht nur Söhne, sondern er hat auch Töchter, und er hat nicht nur starke, sondern auch schwache Söhne und Töchter.
Und dieser Gedanke tut mir gut: Ich als Frau darf in dieser Kirche Frau sein, darf mein Frau-Sein leben, darf stark und schwach sein. Und der Freund neben mir darf Mann sein, darf sein Mann-Sein leben, darf stark und schwach sein.
Ein schöner Traum, werden jetzt viele sagen. Schau dir doch die Realität einmal an – die sieht schon anders aus. Als Frau darf ich weder Priester(in) noch Diakon(in) werden, immer wieder entbrennt die Diskussion um Ministrantinnen, Frauen sind als Gottesdienstbesucherinnen willkommen, aber nicht am Altar; ich werde als „Bruder“ angesprochen – und fühle mich dann nicht angesprochen; nach wie vor haben in dieser Kirche vor allem Männer das Sagen.
Oft erlebe ich mich machtlos und ohnmächtig in einer Kirche, die dabei doch eine Botschaft der Befreiung verkünden will, die Botschaft, daß Gott Mensch wird, um die Menschen zu ihrem Mensch-Sein zu befreien. Irgendwas stimmt doch da nicht …
Das haben mittlerweile viele erkannt, vor allem Frauen.

Und die Art und Weise, darauf zu reagieren, ist sehr unterschiedlich. Manche Frauen verlassen diese Kirche, andere träumen ihren Traum von Kirche, tun aber nichts dafür, daß dieser Traum Wirklichkeit wird. Wieder andere haben sich dafür entschieden, das zu tun, was ihnen möglich ist, sie arbeiten mit, wollen verändern – und sind manchmal den Tränen und der Verzweiflung nahe, weil sich scheinbar so gar nichts bewegt.

Zu Beginn des Lukas-Evangeliums tritt eine Frau auf ... eine Frau, die damals zu ihrer Zeit als Frau noch ohnmächtiger war, als es Frauen heute sind, und sie, die Ohnmächtige, hat die Hoffnung im Leib, trägt das Reich Gottes in sich. Sie glaubt der Verheißung des Engels, läßt sich ein auf die Zukunft, glaubt wider allen besseren Wissens, und sie, als Frau ihrer Zeit eigentlich zum Schweigen bestimmt, sagt die so ungeheuerlichen Worte:

> Meine Seele preist die Größe des Herrn, und mein Geist jubelt über Gott, meinen Retter. Denn auf die Niedrigkeit seiner Magd hat er geschaut. Siehe, von nun an preisen mich selig alle Geschlechter. Denn der Mächtige hat Großes an mir getan, und sein Name ist heilig. Er erbarmt sich von Geschlecht zu Geschlecht über alle, die ihn fürchten. Er vollbringt mit seinem Arm machtvolle Taten: Er zerstreut, die im Herzen voll Hochmut sind; er stürzt die Mächtigen vom Thron und erhöht die Niedrigen. Die Hungernden beschenkt er mit seinen Gaben und läßt die Reichen leer ausgehen. Er nimmt sich seines Knechtes Israel an und denkt an sein Erbarmen, das er unsern Vätern verheißen hat, Abraham und seinen Nachkommen auf ewig. Lk 1,46 b–55

Dieser Gott, den Maria hier preist, ist ein Gott der Ohnmächtigen und Machtlosen. Sein ist die Macht, wie wir im Vaterunser beten, nicht unser. Ich horche auf und denke darüber nach, wie ich mit meiner Ohnmacht leben – und gleichzeitig „Hoffnung im Leib“ haben kann. Ich denke darüber nach, wie ich mit der Macht umgehe, die ich habe. Und nicht zuletzt frage ich mich, ob die „starken Brüder“, die mir manchmal so „mächtig“ erscheinen, vielleicht nicht auch ganz gerne einmal ein wenig schwach sein wollen und gar nicht so „mächtig“ sein mögen …

Wir werden es in dieser Kirche immer wieder neu lernen müssen, wie wir, Männer und Frauen, mit Macht und Ohnmacht umgehen. Miteinander, als Brüder und Schwester, müssen wir uns auf den langen Weg machen, damit aus unserer scheinbar so „mächtigen“ Kirche eine machtlose Kirche wird, die im Sinne der Seligpreisungen die Macht Gottes für die Schwachen und Unterdrückten, die Gefesselten und Gefolterten wirksam werden läßt. Bei diesem Weg kann die Kirche auf uns Frauen nicht verzichten.

Vielleicht bedeutet das, gerade auch als Kirche miteinander immer wieder neu aus Ägypten aufzubrechen, die Fleischtöpfe zu verlassen, den Exodus zu wagen, ins Ungewisse zu gehen – auf Sein Wort hin …

Exodus

Am Türsturz klebt Blut
Tod ist gebannt

getrieben zum Aufbruch
Brot in der Hand

im Bündel die Pauke
Morgen bricht an

Liebe Schwester Maria,

ich hoffe, ich darf Dich einfach so anreden ... aber irgendwie – ein „Sie“ würde mir gerade schwerfallen, und ich glaube, Du hast eigentlich auch nichts dagegen.
Ich habe schon lange einmal überlegt, Dir zu schreiben, aber vieles hat mir den Weg zu Dir verstellt. Ich habe mich nicht leicht getan mit Dir ...
Jetzt, zum Ende des Marianischen Jahres, das so feierlich ausgerufen wurde, ganz offiziell immer wieder beschwört, herbeigeredet und zitiert wurde, tue ich mich leichter – und das hat etwas mit Solidarität zu tun: „Dein“ Jahr scheint genauso konsequenzenlos geblieben zu sein wie all die anderen „Jahre“, die immer wieder von den unterschiedlichsten Organisationen ausgerufen werden – das Jahr des Behinderten, das Jahr des Kindes, das Jahr des Denkmalschutzes, das Jahr der Frau ...
Seltsam eigentlich – solange ich Dich als Königin gesehen habe bzw. Du mir von offizieller Seite so vorgestellt wurdest, am Seitenaltar in der Kirche, viele kleine brennende Kerzen davor, solange konnte ich Dich nicht so richtig ernst nehmen – oder vielleicht richtiger gesagt: solange habe ich Dich nicht verstanden. Jetzt aber, deutlich mit Deiner „Wirkungslosigkeit“, Deiner Ohnmacht, Deinem Klein-sein konfrontiert, sagst Du mir plötzlich etwas. Mir ist, als sollte ich Dich umarmen und Dir sagen: Schwester, so ist es nun einmal – man redet viel über uns, aber selten mit uns. Wir Frauen sind Ersatz

und Alibi in unserer Kirche, solange willkommen, solange es um das Dienen geht. Jedes „Mehr“ ist verdächtig ...
Was brauchen wir ein weibliches Gottesverständnis? Es gibt doch Maria ... Was sollen Frauen denn in entscheidenden Positionen in unserer Kirche? Schaut doch auf Maria, wie sie Jesus gedient hat ... eine eigene Meinung, ein eigener Wille – und das als Frau? Nehmt euch doch ein Beispiel an Maria, die einfach „ja“ gesagt hat zum Willen des Herrn ... „Herr“ – fast kann ich dieses Wort nicht mehr hören ... zu automatisch fällt mir „Sklave“ oder vielleicht passender noch „Sklavin“ dazu ein ...
Ich glaube, man hat Dich ganz schön falsch verstanden. Und da plötzlich fühle ich Nähe ... da sehe ich Dich vor mir, den ermordeten Leib Deines Sohnes auf dem Schoß – und ich verstehe Deine abgrundtiefe Traurigkeit ...
In aller Sprachlosigkeit fühle ich mich Dir in diesem Schmerz verbunden ... Ich fühle mich Dir nahe in Deiner Art und Weise, den Glauben zu leben, den Glauben daran, daß es einen Sinn hat, was Gott mit Dir vorhat, so schwer es im Moment auch zu ertragen ist.
Dein Leben mag nicht einfach gewesen sein, damals. Ich bin mir eigentlich auch nicht so ganz sicher, ob ich der Bibel glauben soll, daß Du damals so bereitwillig „ja“ gesagt haben sollst. Ich vermute eher, daß das auch ein Kampf mit Dir selbst war, ein Kampf mit dem Geist Gottes ...
Sonst hätten Dich die Evangelisten später nicht als eine solche Frau dargestellt – mutig, entschlossen in der Hingabe – aber in einer solchen Hingabe, die weiß, was sie aufgibt. Ich glaube, Dir war sehr bewußt, was Du aufgabst, als Du Dich auf den Willen Gottes einließest –

das Bild der Jungfräulichkeit ist dabei nur ein mögliches Bild.
Dir war nicht klar, was Du dafür bekommst – es scheint Dir auch nicht wichtig gewesen zu sein. Vielleicht war es wirklich einfach die Entscheidung des Los-lassens, des Geschehen-lassens, aber als aktiver, nicht als passiver Prozeß …
Dieser aktive Prozeß der Auseinandersetzung wird in unserer Kirche wohl verschwiegen. Oder woher sonst kann mein Bild von einer duldenden, empfangenden, schweigenden Maria kommen?
Das bist Du nicht! Ganz im Gegenteil. Vielleicht ist es ein dummer Gedanke, aber ich sag ihn trotzdem: gerade weil Du eine so starke Frau bist, ist es notwendig, Dich als Statue auf die Seitenaltäre zu stellen, ist es notwendig, Dich strukturell handhabbar zu machen, ist es notwendig, ein Jahr für Dich auszurufen … solange bleibt Deine Macht in Bahnen lenkbar, kannst Du keinen größeren Schaden anrichten, kann nichts passieren.
Oder noch einmal anders gesagt: solange ich Dein Leben bewundern muß, kann ich es nicht nach-, nicht mitleben. Solange Du auf einem Sockel stehst, hast Du für mein Alltagsleben keine Bewandtnis …
Man hat Dich strukturell einbinden wollen in diesem Jahr – und darin, daß eben dies nicht möglich ist, allen Verlautbarungen zum Trotz, habe ich Dich als Schwester erlebt.
Du warst scheinbar ohnmächtig in diesem Jahr – aber in dieser Ohnmacht hast Du mich überzeugt. Du hast dieses Spiel nicht mitgespielt, das Dich zweckentfremdet hätte – das hat mir gut getan.
Es gibt mir Mut – Mut, weiterhin in dieser Kirche Frau zu sein und als solche eben auch gegebenenfalls ohnmächtig und machtlos zu sein. Vielleicht ist im Endef-

fekt die Schwäche tatsächlich die Stärke. Na gut, ich will mich nicht in selbstgemachte Illusionen hineinreden; die können mein Leiden an dieser so männlich auftretenden Kirche auch nicht wegnehmen.
Ich kann und will andererseits aber auch nicht gehen – da sind Menschen, die mich halten …
Und ich habe die für mich neue Erfahrung gemacht, daß auch andere Frauen in ihrem Frau-Sein, in ihrer Radikalität in dieser Kirche nicht erwünscht – und trotzdem dabei geblieben sind.
In einem solchen Sinne danke ich dem Papst für dieses Marianische Jahr, danke ich all den Kirchenoberen dafür, daß sie Dich immer wieder mit ihren Worten herbeigerufen haben, danke ich der Erfahrung der Machtlosigkeit, des „nicht-bewirkens“, danke ich Dir, Maria, dafür, daß Du Dich nicht hast vereinnahmen lassen zu irgendwelchen Zwecken, sondern stark geblieben bist. Das hat mir Mut zu dieser Kirche gemacht – trotz allem und gerade deswegen …
Ich mag Dir gerne Schwester sein …

„Steh auf und geh!"

Es gibt Abschnitte in den Evangelien, die scheinen einem wohlvertraut – und doch geschieht es mir immer wieder, daß mich solch eine vertraute Bibelstelle plötzlich ganz neu und unvermittelt berührt. Das Wort Gottes, in eine veränderte Lebenssituation hineingesprochen, hat eine *neue* Botschaft für mich, die es zu entdecken gilt.
So ging es mir auch, als ich mich mit der Geschichte beschäftigte, die davon erzählt, wie Jesus durch das Grenzgebiet von Samarien und Galiläa wandert. Auf diesem Weg begegnet er zehn Aussätzigen, denen das Gesetz verbietet, sich anderen Menschen zu nähern, und so rufen sie ihm von weitem zu: „Jesus, Meister, hab Erbarmen mit uns!". Jesus schickt sie zu den Priestern, denen sie sich zeigen sollen – und deutet damit Heilung an: nach dem Gesetz mußte der Priester die Heilung von Aussätzigen bestätigen.
Und, tatsächlich, auf dem Weg zu den Priestern geschieht es – die Aussätzigen werden rein, sind geheilt. Jetzt aber wird es spannend, neun der ehemals Aussätzigen setzen ihren Weg zu den Priestern fort und befolgen damit den Auftrag Jesu, der sie eben zu jenen geschickt hatte. Einer aber kehrt um, lobt Gott mit lauter Stimme, wirft sich Jesus vor die Füße und dankt ihm. Jesus fragt ihn: „Wo sind die anderen neun? Ist denn keiner umgekehrt, um Gott zu ehren, als dieser Fremde?" – denn ausgerechnet der eine, der umkehrt, ist Samariter und

gehört damit zu einer Bevölkerungsgruppe, die mit den Juden in sehr gespannten Beziehungen lebte.
Die Frage Jesus mutet seltsam an, hat er die Aussätzigen doch selbst zu den Priestern geschickt – und nun will er von dem einen wissen, wo die anderen neun denn sind ... die Antwort scheint einfach: sie folgen dem Auftrag Jesu, ein Auftrag, der um so mächtiger ist, als er von dem kommt, dem sie die Heilung verdanken, ein Auftrag, der zudem ihren Interessen, nämlich als geheilt erklärt zu werden, entspricht.
Erstmals wird mir die Spannung dieser Situation wirklich bewußt – der, der mich heilt, gibt mir die Weisung: Zeig dich den Priestern! Und ich spüre Verständnis für diejenigen, die dieser Weisung Folge leisten.
Jesus aber fragt dann: wo sind die anderen neun? Ist denn sonst keiner umgekehrt? Ich spüre meine eigene Verunsicherung. Soll ich Jesu Auftrag folgen, den er mir erteilt hat – oder kehre ich um, handle gegen das, was er mir gesagt hat, um Gott die Ehre zu erweisen? Was gilt denn nun?
Ich ahne, daß vielleicht noch eine tiefere Wahrheit in dieser Bibelstelle verborgen ist – eine andere Wahrheit, als mir bisher bewußt war. Und es scheint etwas mit Selbstbestimmung und sich auf den Weg machen, mit inneren und äußeren Autoritäten zu tun zu haben ...
Die neun, die so treu und brav ihren Weg zu den Priestern fortsetzen, sind möglicherweise ungeheilt geblieben – sie erkennen nicht, was im Moment zu tun wäre, sondern folgen blind ihren Eigeninteressen und den Weisungen einer Autorität außerhalb ihrer selbst. Sogar ihre Heilung muß ihnen offiziell von außen zugesprochen werden. Die Dynamik des Augenblicks können sie nicht erkennen.
Der eine aber, der Samariter, verläßt den vorgegebenen

Weg – er kehrt um. Möglicherweise ahnt er darum, daß eine neue Situation neue Handlungen erfordert – und daß es sich nicht darum dreht, blindwegs irgendwelche Weisungen auszuführen. *Ich* bin gefragt mit meiner Entscheidung. Und das heißt: gegebenenfalls muß ich mich auch gegen eine Weisung entscheiden können, komme sie auch von noch so höchster Autorität – wenn ich darum ahne, daß die aktuelle Situation, veränderte Umstände ein anderes Tun von mir erfordern.
Mit seinem Verhalten relativiert Jesus seine eigene Weisung – er will, daß wir seine Botschaft auf die jeweilige Situation hin übertragen und aktualisieren. Nicht blinder Gehorsam ist gefragt – sondern Wachheit für den Augenblick, für die aktuellen Notwendigkeiten. Man könnte es auch Zivilcourage nennen, den Mut, aus einem inneren Erkennen heraus anders zu handeln als es eine allgemeine Weisung vorgibt.
Dies ist kein Freibrief – auch der Samariter hört die Weisung und handelt zuerst danach. Dies scheint die Vorbedingung für Heilung zu sein. Aber dann setzt er die Weisung auf seine veränderte Situation neu um. Sie war Anlaß, aufzubrechen, und dieser Aufbruch führte zur Heilung. Damit aber verändern sich die Dinge – die neun anderen handeln, als ob nichts geschehen sei. Nur einer ist bereit, die Konsequenzen aus dieser Veränderung zu ziehen – und damit wohl auch auf das offizielle „als geheilt erklärt zu werden" vorerst zu verzichten. Mag sein, daß er sich selbst als „geheilt" empfindet – und deshalb keine entsprechende Bestätigung von außen mehr dazu braucht – so wie ja auch Patienten oft sehr viel sicherer als der behandelnde Arzt wissen: Ich bin wieder gesund!
Dieser Samariter ist sich selbst Autorität geworden, weil er Gott in sich wohnen läßt. Wenn Gott in mir wohnt,

brauche ich nirgendwohin zu gehen, um Gott zu finden – dann ist Gott in mir ... dann ist es mein Gewissen, dem gegenüber ich verantwortlich bin.
Ich denke, daß dies eine wichtige Aussage ist, die Jesus hier den Menschen gegenüber macht: Höre auf die Weisungen, setze sie auf deine Situation um, damit du für dich einen Weg findest, der dem Geiste Gottes entspricht. In einem solchen Sinne ist Freiheit gefragt – nicht Abhängigkeit ...
Dies wird im Fortgang der Geschichte deutlich – Jesus schickt den Samariter wieder fort, indem er zu ihm sagt: Steh auf und geh! Dein Glaube hat Dir geholfen.
Steh auf und geh – eine Aussage, die wir von Jesus auch in anderen Zusammenhängen bei Heilungen kennen – jetzt wird dem Aussätzigen auch durch Jesus die *wahre* Heilung zugesprochen. Und er sagt: geh! Dieses Mal fehlt eine Ziel- oder Ortsangabe, ganz einfach: geh! Jesus weiß, daß es bei diesem Menschen eine solche Zielangabe nicht mehr braucht. Jemand, der in der Lage ist, die Zeichen der Zeit zu erkennen, der in der Lage ist, umzukehren, weil sich etwas geändert hat – dem braucht man kein Ziel mehr vorzugeben, der findet seinen Weg alleine ...
Damit macht Jesus den *Prozeß* des Glaubens deutlich. Seine Worte wollen nicht einengendes Gesetz, sondern wollen Weisung sein. Sie wollen nicht ver- und gebieten, sondern Hinweise für eine Lebenshaltung sein, die sich in den verschiedensten Lebenssituationen bewähren muß und kann. Und sie müssen jeden Tag neu in die sich ergebenden Situationen übersetzt werden. Nur ein solcher Prozeß von Aneignung und Übersetzung kann gewährleisten, daß Worte und Sätze, zweitausend Jahre alt, heute noch Gültigkeit haben können. Gesetze allein fördern eine Art „passive Grundhaltung“ bei den Men-

schen – sie sind einzuhalten und zu befolgen. Verletzungen des Gesetzes werden mit Strafe verfolgt. Damit halten sie den Menschen in der Unmündigkeit.
Eine Weisung fordert den denkenden und kreativen Menschen, der sich in den Sinn der Weisung hineindenkt und aufgrund dessen in der Lage ist, in wechselnden Situationen in einem solchen Geiste tätig zu werden.
Oder – noch einmal anders gesagt: Gesetze sind eher statisch, Weisungen dynamisch. Sie passen sich dem Fluß des Lebens an, ohne dabei ihre Zielrichtung aufzugeben. Gesetze aber müssen Staudämme errichten und Mauern bauen, müssen abgrenzen und verteidigen und hindern damit das Fließen des Lebensflusses.
Das ist kein Plädoyer für Zügellosigkeit und willkürliche Freizügigkeit – beides sind eher Gegenreaktionen auf zu starre Gesetze und Normen. Werte sind gefragt – und das Vertrauen in den Menschen, daß er diese Werte lebt.
Die zehn Aussätzigen wollen leben – und allen gibt Jesus die Chance. Neun von ihnen aber wechseln lediglich von einem Todeszustand in einen anderen, der etwas angenehmer zu ertragen ist. Nur einer beginnt zu leben, wirklich zu leben.
Zu ihm aber sagt Jesus voll Vertrauen: Steh auf und geh! Dein Glaube hat dir geholfen, hat dich lebendig gemacht – der Glaube daran, daß der Geist lebendig und nicht tot ist, daß der Sinn entscheidend ist und nicht die Buchstaben des Gesetzes, daß kein blinder Gehorsam gefragt ist, sondern eigenständiges Mitdenken und Gestalten.
Dies gilt auch für unsere Kirche …

Steh auf und geh!

Wenn Liebe Hand und Fuß bekommt

Erwartend auf dem Weg

Advent ... diese Tage machen mir wie keine anderen im Jahr bewußt, in welchen Spannungen ich lebe: die Kluft zwischen dem, wie ich sein möchte, und dem, wie ich bin; die Spannung zwischen Anspruch und Wirklichkeit, zwischen dem Inhalt der Weihnachtslieder, die mich in jedem Kaufhaus berieseln, und dem, was ich in mir und auf den Gesichtern der Menschen um mich herum wahrnehme ... und dann sitze ich spätestens am 27. Dezember da mit einem ausgesprochenen Weihnachtskater, der mich an mir, meinen Mitmenschen und unserer Welt zweifeln läßt, und denke: *das* kann's doch nicht gewesen sein ...

Manchmal, in ganz stillen Adventsstunden, taucht ein Bild in mir auf: eine junge, schwangere Frau, in Gewand und Tuch gekleidet, wandernd durch die Berge Judäas auf dem Weg zu ihrer Freundin. Eine junge Frau, die ein Kind unter ihrem Herzen trägt, vom Leben erfüllt ist. Langsam mag sie gegangen sein, sorgsam auf den Weg achtend und doch gleichzeitig ihren Gedanken nachhängend, hineinhorchend in sich und auf das, was da so unfaßbar, unbegreiflich in ihr wächst. Da ist etwas geschehen, was sich dem Verstehen entzieht, ein Geheimnis des Lebens, das fremd und doch eigen zugleich ist.

Gemischte Gefühle – Unsicherheit, Angst, Ungeduld und doch wieder Ergebenheit, Aufregung und Warten ... und in dieser Situation tut die junge Frau genau das, was wohl Frauen zu allen Zeiten und in allen Kulturen tun – sie geht zu einer Freundin, einer Frau, die auch ein Kind erwartet, bei der auch scheinbar Unmögliches möglich geworden ist. In beiden wächst das Leben, will noch geborgen sein – um dann aber in die Welt hinauszudrängen, schmerzvoll geboren zu werden. Ihre Gespräche werden immer wieder um das Eine gekreist sein, das so viele Fragen, so viel Unsicherheit, so viel Neues mit sich bringt – und das sie so verändert: empfindsamer und erfüllter, voller Energie und Kraft, verletzlicher und behutsamer, aggressiver und sanfter. In ihnen wächst das Leben heran, das es zu schützen und zu bergen gilt, das aber auch Angst macht, eben weil es alles verändert und auf den Kopf stellt. Und gleichzeitig ist da die Hoffnung auf dieses Neue, das ungeduldig erwartet wird und dessen Da-Sein doch unsicher macht. Da ist diese Ahnung von Leben und davon, daß es nicht folgenlos bleiben wird ... das ist zulassen, weil etwas in Bewegung gekommen ist – und doch auch wieder Aufbäumen im Ahnen um die existentielle Bedeutung.

Und genauso wünsche ich mir eigentlich Advent, diese Zeit des Wartens. Ich wünsche es mir als eine Zeit des „Bewußt-Wahrnehmens“ und des „empfindsamer-lebens“, als eine Zeit des wachsenden Erfüllt-Seins vom Leben und doch darum wissen, daß manches noch seine Zeit braucht, ich möchte spüren, daß sich existentiell etwas geändert hat – und daß dies fremd und vertraut zugleich ist. Ich möchte Angst haben dürfen vor diesem Neuen – und es gleichzeitig voller Sehnsucht erwarten. Ich möchte bergen und geborgen sein, sorgsam darauf achten, was ich tue und doch in mich hineinhorchen. Ich möchte mich wehren dürfen und doch froh darum sein, daß etwas in Gang gekommen ist, was nicht aufhaltbar ist. Und ich möchte dem ganzen Trubel entfliehen und mich auf den Weg machen zu Menschen, denen es ähnlich geht wie mir – und dabei doch das Neue wieder ganz für mich, allein und individuell erleben.

Vor diesem Bild verblaßt der Einkaufs- und Zu-erledigen-Zettel dieser Woche, da habe ich plötzlich keine Lust mehr zu schauen, ob ich all denen, denen ich hätte schreiben sollen, auch geschrieben habe, und ich sehe auch nicht mehr ein, warum ich unbedingt vor Weihnachten noch die Fenster putzen soll. Stattdessen wäre es einfach schön, sich bei Freunden einzuladen und gemütlich miteinander zu plaudern, eine Stunde lang mit offenen Augen durch die Natur umherzustreifen oder auch einfach sich in eine Kirche zu setzen und in mich hineinzuhorchen, wie das Leben in mir lebt …

Noch ist es nicht zu spät dafür …

Von Gott berührt

Weihnachten, das ist mehr als eine schöne Geschichte, die davon erzählt, daß Gott vor knapp zweitausend Jahren Mensch wird, mehr als ein Märchen, das von Engeln und Königen handelt, die zu früheren Zeiten einmal an einem anderen Ort, weit weg von uns, gelebt haben. Zu schnell verorten wir die Weihnachtsgeschichte in ein „damals und dort" und merken dabei nicht, daß die Botschaft der Menschwerdung Gottes uns meint, hier und heute. Weihnachten ist das Fest der Beziehung Gottes zu uns Menschen. Und dies ist kein einmaliges Ereignis, das irgendwann früher einmal irgendwo geschehen ist – sondern dies ereignet sich jeden Tag neu zwischen Gott und uns. Daran will uns die Weihnachtsgeschichte erinnern, das ist die eigentliche Botschaft des Festes, das wir feiern. Weihnachten ist in einem solchen Sinne eine Anfrage an mich persönlich – und meine eigene Antwort darauf ist gefragt. Zugegeben – eine solche Anfrage ist existentiell, und allein das Ahnen um die Konsequenzen kann bereits Angst machen. So verstecke ich mich in meinem vorweihnachtlichen Trubel, halte mir diese Botschaft vom Leib, indem ich Weihnachten reduziere auf ein schönes, fernes Ereignis, auf Weihnachtsgeschenke und Weihnachtspost, und bleibe selbst dabei so unberührt, als ginge mich das alles gar nichts an.

Die Weihnachtsgeschichte aber erzählt eben davon, wie eine junge Frau in Judäa vor knapp zweitausend Jahren

mit dieser Anfrage Gottes konfrontiert wurde und wie sie darauf reagiert hat.
Auf den ersten Blick ist sie eine junge Frau wie viele andere auch, nichts Außergewöhnliches kennzeichnet bis dahin ihr Leben. Auch sie wird Pläne und Zukunftsvorstellungen gehabt haben, einen von Sorgen und Gedanken bestimmten Alltag, mit seinen eigenen Aufgaben und Anforderungen.
Mitten in diese großen und kleinen zu erledigenden Dinge des Lebens, bricht auf einmal Gott herein. Er konfrontiert Maria mit der Verheißung, daß in ihr Gott Mensch werden will. Gott will in Beziehung treten mit ihr – und er tut es auf seine Art und Weise: behutsam und doch fordernd, fragend und auf Antwort wartend, voller Kraft und zart zugleich, mächtig und doch auf das „Ja" des Menschen angewiesen, beruhigend und beunruhigend in einem.
Maria, diese junge mutige Frau, bleibt von dieser Begegnung mit Gott in ihrem Leben und in ihrem Alltag nicht unberührt. Sie zögert, fragt nach, ahnt darum, daß sich mit ihrem „Ja" zu einer solchen Beziehung mit Gott alles in ihrem Leben ändern wird. Und doch stimmt sie zu, läßt sich von Gott berühren, wagt das Leben. Mit Gottes Anfrage und ihrem „Ja" darauf wird nichts mehr so sein, wie es einmal war. Das Bisherige und Vorläufige wird durchkreuzt, damit Neues möglich werden kann. Die Normalität des Alltages wird aufgehoben, ein Fest der Menschwerdung in Fülle bricht an. Gott kommt ins Leben – damit für die Menschen Rettung und Befreiung möglich ist. Dies aber kann nicht einfach geschichtlich abgehakt werden. Jeden Tag neu fragt Gott den Menschen an und will in Beziehung sein mit ihm. Und Gott allein ist machtlos – er braucht die Menschen und ihre Bereitschaft, sich berühren zu lassen, die ihm einen

Platz in ihrem Leben geben. In einem solchen Sinne ist Weihnachten eigentlich das Fest einer solchen Anfrage an mich – ist die Frage, ob ich mich berühren lassen will von diesem Gott, ist die Frage, ob ich „ja" sage zu dieser Botschaft. Dies kann nicht begrenzt bleiben auf einen Tag im Jahresablauf – Weihnachten geschieht immer dann, wenn Menschen dazu bereit sind, sich in einer solchen Art und Weise auf Gott einzulassen – das ist die Botschaft dieser Tage.

Zugegeben: Ein solches Fest Gottes durchkreuzt meinen Alltag, streicht die Termine aus meinem Terminkalender, läßt mich den „zu-erledigen-Zettel" in den Papierkorb werfen.
Angesichts dieser Anfrage aber ist all das nicht mehr ausschlaggebend. Von Gott berührt zu werden, mich anrühren zu lassen, da wird plötzlich anderes wichtig. Da ist meine Antwort auf die Frage entscheidend, ob ich heute Weihnachten in mir geschehen lassen kann.

Und nun wird mir auch verständlich, warum gerade die Verkündigung des Engels an Maria so häufig an den Portalen großer Kirchen dargestellt ist – es ist einerseits die Zusage, daß Gott die Beziehung mit uns Menschen will, eine Beziehung, die mich ganz meint, die meinen Leib mit Hoffnung erfüllt, wenn ich mich darauf einlasse. Und andererseits will mich diese Verkündigungsszene zugleich darauf aufmerksam machen, daß dies sozusagen die Tür ist, durch die ich eintreten muß, wenn ich das Reich Gottes erlangen will. Mit Haut und Haaren mich einlassen auf diesen Gott – das ist Weihnachten ... und dann kann Reich Gottes anbrechen.

Stephanustag 1989

Heimat – das sind nicht nur Wohnungen, Orte oder Landschaften – Heimat, das sind in erster Linie Menschen. Ein Stück Heimat habe ich im Allgäu gefunden, bei einer Familie, die dort einen kleinen Bauernhof hat und außerdem Feriengäste aufnimmt.
Und diese Freunde dort sind so erfrischend „normal“, daß sie sogar so chaotische Menschen wie mich vertragen und in ihren Familienalltag integrieren können.
Heute abend haben wir miteinander telefoniert, und die Mutter erzählte davon, daß sie sich am Vormittag, beim Gottesdienst in der Kirche, gefragt habe, ob sie das eigentlich so wie der Stephanus könne – hinstehen für den Glauben. Wir sprechen von unseren Eindrücken der Geschehnisse in Osteuropa – und davon, daß sich dort Menschen Panzern entgegengestellt haben. Es ist ja schön, solche Lieder im Gottesdienst zu singen, sagt sie, aber ob ich das wohl könnte, wenn es drauf ankäme? Wo nehme ich die Kraft dafür her? Ein bißchen ratlos waren wir beide, und konnten nicht so recht eine Antwort darauf finden …
Als ich den Hörer auflegte, ging mir plötzlich ein Bild durch den Kopf: um Immenstadt herum soll eine Umgehungsstraße gebaut werden. Seit Jahren gibt es heftige Diskussionen um den Bau und die Straßenführung – teilweise sind Naturschutzgebiete und das Erholungsgebiet um den Großen Alpsee davon berührt. Bei allem Verkehrschaos, das vor allem in den Urlaubsmonaten in

Immenstadt herrscht, ist es meiner Meinung nach nicht notwendig, daß diese wunderschöne Landschaft dort noch mehr durch Beton verschandelt wird. Protest regt sich allenthalben – und meine Freunde, redliche Bauern, die wirklich genug Arbeit haben, um mit ihrem kleinen Hof halbwegs über die Runden zu kommen, engagieren sich. Sie sind in der Bürgerinitiative mit dabei, schreiben Briefe an Minister und Regierungspräsidenten, reagieren auf Zeitungsartikel mit entsprechenden Leserbriefen, stellen eine Dokumentationsmappe zusammen. Sie, die lange Jahre geschwiegen haben, werden plötzlich aktiv, stehen in Versammlungen auf, ergreifen das Wort, schreiben Briefe, werden politisch …

Plötzlich wird Christ-Sein lebendig, da wird aus einem alltäglichen Glauben, der trägt und hält, ein Engagement für Existenz und Umwelt, das Grenzen des bisher für möglich Gehaltenen überschreitet, wo Menschen über sich hinaus wachsen.

Und da werde ich gefragt, wo Stephanus diese Kraft für sein Bekenntnis hernimmt? Muß ich diese Freunde nicht viel eher fragen, wo sie ihre Kraft für ein solches Engagement hernehmen?

Sie sind einen weiten Weg gegangen – und sie investieren viel. Vielleicht werden auch sie für ihr Engagement auf eine moderne Art und Weise gesteinigt, die freilich etwas subtiler ist als die zu Stephanus' Zeiten. Sie halten stand – möglicherweise schaffen sie es auch noch zu sagen: Herr, rechne ihnen diese Sünde nicht an!

Zutrauen würde ich es diesen Freunden dort am Alpsee, die ihr Christ-Sein so viel praktischer als mancher Politiker in ihr Leben übersetzen.

Eine andere Weihnachtsgeschichte

Im Himmel herrschte knisternde Spannung. Die Engel, sonst in der Regel mit durchaus gesetztem Ernst, gelegentlich auch ungezwungen fröhlich, ab und an untereinander streitend, schlichen nur noch auf Zehenspitzen über den Wolken einher (das war eigentlich völlig unnötig, denn die Wolken waren so weich, daß sie eh jeden Schritt ins Unhörbare dämpften). Sie wagten kaum noch ein lautes Wort zu sagen, schauten sich beim Vorübereilen bedeutungsvoll an und nickten sich zu nach dem Motto: „Ja, jetzt ist es bald soweit!". Es war eine Spannung, die man vielleicht mit der vergleichen kann, wenn man das erstemal in seinem Leben einen Käsekuchen backt und einen stundenlang die Frage beschäftigt, ob er in sich zusammenfällt oder nicht – und ähnlich der Unruhe, die der Hobbyheimwerker kennt, der den Rasenmäher in alle Einzelteile zerlegt und wieder zusammengesetzt hat und sich bang vor dem Moment fürchtet, wenn er ihn das erstemal wieder startet. Ja, eine solche Spannung hatte die Engel befallen und schlimmer noch. Und sie hatten, weiß Gott, Grund genug dazu. Gottvater nämlich hatte vor einiger Zeit entschieden, es wäre nun wirklich höchste Zeit, seinen Sohn als Botschafter des göttlichen Willens auf die Erde zu schicken, damit die Menschen endlich Frieden halten untereinander. Die Augen sollten ihnen dafür geöffnet werden, was es heißt, menschlich zu leben; ihr Leben an der Liebe auszurichten und nicht an Reichtum und Macht.

Eine gute Idee, meinten die Himmelsbewohner übereinstimmend. (Bis auf einige wenige, die maulend in der Ecke standen, voller Überzeugung, jeder Versuch, den Menschen sowas nahezubringen, sei sowieso von vornherein zum Scheitern verurteilt.)
Und nun also stand dieser große Moment praktisch vor der Tür. Vor knapp neun Monaten waren die Engel auf die Erde gereist, und hatten dort Maria verkündet, daß sie die Auserwählte sei. Es hatte dann noch ein wenig Schwierigkeiten mit ihrem Verlobten gegeben (mußte sich Gott auch gerade eine unverheiratete Frau aussuchen? Einige Engel konnten das Kritisieren eben nicht lassen), aber das hatte man schließlich in den Griff bekommen. Der Geburt Gottes als Mensch konnte man also nun demnächst entgegensehen.

Die Augen der Engel richteten sich immer öfter und immer häufiger auf das Stück Erde, wo das große Ereignis stattfinden sollte. Maria hatte sie in letzter Zeit ein wenig aus dem Auge verloren, aber das würde schon alles seinen Lauf gehen. Die ersten Engel waren schon unterwegs, um rechtzeitig zur Stelle zu sein, wenn der Gottessohn das Licht der Welt erblickte. Auf den ausdrücklichen Wunsch von Gottvater waren keine kirchlichen Würdenträger informiert worden. Sein Sohn sollte nicht in einem Tempel, an fürstlichem Hof aufwachsen, sondern leben und zur Welt kommen, wie die meisten Menschen in diesem Land lebten und zur Welt kamen. Ihnen sollte sein Sohn die Botschaft Gottes bringen, die Botschaft der befreienden Liebe Gottes für die Menschen.
Die Tage vergingen, der große Augenblick rückte näher – nichts geschah. Die Spannung der Engel wuchs ins Unerträgliche; die Engel, die für den Erdenauftrag abgeordnet waren, flogen immer nervöser hin und her.

Schließlich, als sich nach einer Woche immer noch nichts getan hatte, fing das Wispern, das Flüstern an. Die Engel steckten die Köpfe zusammen, Fragen wurden laut, Verunsicherung machte sich breit. Die Erdengel schickten verwirrt einen Abgeordneten in den Himmel zurück mit der Frage, was zu tun sei. Erste Gerüchte kamen im Umlauf: die Erdengel hätten nicht genau genug beobachtet – sagten die Himmelsengel; der Verkündigungsengel habe seinen Auftrag nicht ordentlich erfüllt – sagten die Erdengel. Man kennt das ja, dieses Hin und Her. Aber ereignen tat sich nichts ...

Tage, Wochen vergingen ...
... bis eines Tages plötzlich ein atemloser Engel in den Himmel gerast kam, die Flügel zersaust vom raschen Flug, die Backen gerötet vom Flugwind. Man hatte Maria entdeckt, die gemütlich in ihrer guten Stube saß, strickend. Kein Kleinkind um sie herum war zu sehen, keine Windeln hingen auf der Leine, und Maria selbst zeigten keinerlei Anzeichen einer Schwangerschaft.
Ratlosigkeit breitete sich aus. Natürlich schickte man noch einen wirklich zuverlässigen Engel hinunter, um diese Geschichte nachzuprüfen – aber man ahnte schon, daß sie stimmen würde. Jesus war nicht zur Welt gekommen, wenigstens nicht da, wo er sollte. Wo aber war er?
In ihrer Ratlosigkeit schickten die Engel eine Abordnung zu Gottvater. Dies wagten sie äußerst selten, so groß war ihre Ehrfurcht. Aber sie wußten sich nicht mehr zu helfen – ob er Rat wüßte? Mit hängenden Köpfen und langen Gesichtern kamen die Engel zurück. Die Wohnungstür, die sonst immer einladend offenstand, war zugesperrt, ein Schild an der Klinke: Vorübergehend außer Haus – Gottvater.

Von Gott war also derzeit keine Hilfe zu erwarten, man mußte wohl oder übel selbst zur Tat schreiten.
Wo ist Gottsohn – das schien wohl die Kernfrage des Problems zu sein. Irgendwo mußte er doch sein! Und so fing generalstabsmäßig das große Suchen an. Ein Engel hatte die hervorragende Idee, die Erde in Längen- und Breitengrade einzuteilen, um so je einer Engelsgruppe ihr Suchgebiet besser zuweisen zu können, denn die Erde als Ganzes war ja doch ein wenig unhandlich. Und so suchten die Engel landauf, landab – sie schauten in die römischen Tempel und die Hütten der chinesischen Landarbeiter, sie kamen in das indianische Pueblo und den Negerkral in Zentralafrika, sie suchten bei den Kelten in Irland und bei den Griechen in Sparta. Sie lernten dabei den Himalaya und die Anden kennen, Grönland und die Philippinen, waren am Baikalsee und am Titicaca-See ... und dabei erfuhren sie vieles über das menschliche Leben, was sie nicht gewußt hatten. Sie sahen Armut und Elend, Not und Kriege, Hunger und Sklaverei ... nicht die Liebe regierte die Welt, sondern Haß und Neid. Die Botschaft Gottes wäre so notwendig in dieser Welt gewesen! Und selbst die dickköpfigsten Engel sahen jetzt ein, daß Gottvater recht hatte, als er darauf bestand, daß sein Sohn nicht in einem Tempel, nicht bei einem König zur Welt kommen sollte. Die Menschen in ihrer Armut brauchten die Botschaft.
Die Engel suchten ... immer kleiner wurden die Dörfer, immer ärmer die Bewohner der Hütten ... Gottes Sohn aber wurde nicht gefunden.

Im Jahre 5 der Zeitrechnung nach der vermeintlichen Geburt des Sohnes Gottes trafen sich die Engel erstmals wieder vollzählig im Großen Himmelssaal. Eine Himmelskonferenz war einberufen worden. Resigniert wa-

ren sie ob der erfolglosen Suche, ratlos – und betroffen von dem, was sie auf der Erde gesehen hatten.
Gottes Botschaft war nicht angekommen. Macht und Haß regierten die Welt. Was aber war nun die Aufgabe der Engel? Nur im Himmel hin- und herfliegen, auf Wolken herumsitzen, brachte wenig Sinn ... nach vielem Gerede wurde es still ... bis ein Engel schließlich zornig sagte: „Also, mir reicht das Geschwätz. Ich kann das Elend da unten auf der Erde nicht länger ansehen. Wenn Gottes Sohn verlorengegangen ist, dann müssen wir es eben selbst machen. Ich jedenfalls schau nicht länger zu." – sprach's, packte ein Stück Himmel ein und flog zur Erde, zurück zur Atlantikküste, wo er vor einigen Tagen die große Sturmflut miterlebt hatte. Dort ist das Stück Himmel sicher besser am Platz, dachte er, und seine beiden Hände würden genug zu arbeiten, aufzubauen und zu trösten haben.
Sein beherztes Beispiel setzte Zeichen – nach kurzer Zeit der Betroffenheit sahen sich die Engel an und jedem von ihnen kam die Erdensituation ins Bewußtsein, die er verlassen hatte, als man die Himmelskonferenz einberief. „Reden allein bringt uns nicht weiter", rief ein anderer Engel, packte sich eine Wolke ein und verschwand – und noch einer und noch einer ...

Schließlich saßen nur noch zwei oder drei schlechtgelaunte Engel auf einer kleinen Wolke, die ihnen verblieben war und starrten sich mißmutig und unzufrieden an. Sie konnten sich nicht entschließen, dem Beispiel der anderen zu folgen. Sie haßten es, wenn ihr weißes Kleid dreckig wurde, die Fingernägel abbrachen.
Die anderen Engel aber landeten auf der Erde, überall dort, wo Not am Mann war, und packten ein Stück Himmel aus. Sie griffen zu, wo es notwendig war, tröste-

ten, wo Trauer war, hörten zu, wenn zugehört werden sollte, teilten ihr Brot, wenn jemand Hunger hatte, hatten Zeit, wenn jemand Zeit brauchte und kämpften für Gerechtigkeit, wo Ungerechtigkeit herrschte. Und da, wo sie waren, wurde das Dunkel ein wenig heller, in der Kälte brannte ein Feuer, waren Einsame nicht mehr allein.

Seit dieser Zeit ist Weihnachten nicht mehr nur ein Tag von 365 Tagen, seitdem wird Gott nicht nur in einem Menschen Mensch – seitdem geschieht Weihnachten überall und jederzeit dort, wo ein Stück Himmel auf Erden aufblitzt, die Liebe die Oberhand gewinnt, Menschen die kleine und große Not des Menschen sehen und handeln.
Gott wird Mensch – jeden Tag und jederzeit. Und jeder Mensch ist gefragt, in einem solchen Sinne dem anderen Menschen Mensch zu sein.
Sie wollen noch wissen, was aus den drei mißmutigen Engeln auf der verbliebenen Wolke geworden ist? Ich will's Ihnen verraten: Sie haben sich zerstritten, hoffnungslos – jeder sitzt auf seiner Wolkenseite, verteidigt sein Revier bedingungslos, starrt einsam-arrogant in die Weite des Alls – und wenn man genau hinschaut, wachsen ihnen kleine Hörner aus dem Kopf heraus.
Und was denn nun mit Gottes Sohn wirklich war, wollen Sie wissen? Sie sind auch gar nicht neugierig, wie? Jésus ist grade sechs geworden, lebt mit elf Geschwistern in einem kleinen Andendorf, formt kleine Täubchen aus Lehm – und ab und an, wenn er mal wieder einem seiner Engel begegnet, ohne daß der ihn erkennt, schmunzelt er zufrieden in sich hinein.

Segenswunsch

Möge Gott
die unstillbare Sehnsucht
ausgießen in unsere Herzen
Möge Gott
uns den Mut zum Träumen geben
und die Kraft
jeden Tag neu
den Aufbruch zu wagen
Möge Gott
uns voranziehen
und zugleich unser Schutz sein
und möge Gott
uns ein Leben in Fülle schenken
damit wir
das Lied der Erlösung singen

Verzeichnis der Bibelstellen:

Hinweise

Einige Texte dieses Buches wurden bereits veröffentlicht oder als Betrachtungen „Zum Sonntag“ im Südwestfunk gesendet. Für dieses Buch wurden sie teilweise grundlegend neu bearbeitet.

S. 32 „Und führe uns nicht in Versuchung!“
veröffentlicht in „Leben und Glauben“, 52/89

S. 79 „Gott hat die Sehnsucht ausgegossen in unsere Herzen“
gesendet im Südwestfunk am 20.3.88

S. 89 „Emmaus“
Teil einer Betrachtung im Südwestfunk am 4.4.88

S. 103 „Lieber Torsten“
in den Materialien für die Herbstkonferenz 1987 der Priester in der Erzdiözese Freiburg
außerdem in „ferment“ Nr. 3/88 „Briefe an Seelsorger“

S. 108 „Spannend“
in Biemer/Tzscheetzsch, „Wegmarken“
Verlag Herder, 1989

S. 120 „Mensch Gottes“
in Andrea Schwarz, „Zumutungen“
Verlag Herder, 1988

S. 128 „Gott hat nicht nur starke Söhne“
in „unsere brücke“ 5/86

S. 132 „Liebe Schwester Maria“
in „Das Zeichen“ Nr. 9/88

S. 136 „Steh auf und geh“
gesendet im Südwestfunk am 15.10.89

S. 142 „Erwartend auf dem Weg“
Teil einer Betrachtung im Südwestfunk am 18.12.88

S. 145 „Von Gott berührt“
Teil einer Betrachtung im Südwestfunk am 24.12.89

S. 150 „Eine andere Weihnachtsgeschichte“
veröffentlicht in „Caritasschwester“ 6/88

Weitere Bücher von Andrea Schwarz

Ich bin verliebt ins Leben

Augen öffnen für das Leben, sich anstecken lassen von der Liebe zur Schöpfung: ein Geschenkbuch voller Staunen, Zärtlichkeit und Licht.

64 Seiten mit zahlreichen Farbfotografien, gebunden. ISBN 3-451-23311-8

Kater sind eben so

Neues vom kleinen Drachen Hab-mich-lieb

Bis über alle Schuppen ihres Rückenpanzers verliebt sich Hab-mich-lieb in den Kater Ferdinand. Eine fabelhafte Geschichte – so wahr, wie es nur ein Märchen sein kann.

92 Seiten, gebunden. ISBN 3-451-22193-4

Ich bin Lust am Leben

Mit Widersprüchen leben – Spannungen aushalten

Lust am Leben heißt lachen und weinen, geben und nehmen, lieben und leiden, Mensch sein mit Verstand und Gefühl.

144 Seiten, gebunden. ISBN 3-451-22640-5

Wenn ich meinem Dunkel traue

Auf der Suche nach Weihnachten

Texte, die dazu einladen, unter der Oberfläche von Gewohnheit und Brauchtum Weihnachten neu zu erspüren. Ein sensibles, ganzheitliches Suchbuch für eine innere Zeit der Erwartung.

112 Seiten, gebunden. ISBN 3-451-23200-6

Verlag Herder Freiburg · Basel · Wien

Worte, die Wege weisen

Hermann Hesse

Worte des Zauberers

„Ein anregendes Buch. Die schöne Ausstattung und der Charakter der Texte machen es zu einem besonderen Geschenk" (Katholisches Sonntagsblatt).

128 Seiten, gebunden. ISBN 3-451-20860-1

Johann Wolfgang von Goethe

Worte zur Erfüllung

Goethe begegnet uns hier als Mensch, der seine Lebenserfahrungen so zu verdichten verstand, daß sie bis heute nichts von ihrer Aussage verloren haben.

128 Seiten, gebunden. ISBN 3-451-21802-X

Worte, die Berge versetzen

Weisheit der Chinesen

Kerngedanken chinesischer Weiser aus der Kraft einer jahrtausendealten Erfahrung.

128 Seiten, gebunden. ISBN 3-451-21823-2

Worte, die Wege weisen

Das Beste aus zehn Jahren „Worte"-Bände bei Herder. Wegweisende Gedanken großer Persönlichkeiten: eine Verführung zum Lesen und zum Leben.

Sonderband, 128 Seiten, gebunden. ISBN 3-451-23455-6

Verlag Herder Freiburg · Basel · Wien